AF607136

Sobre la barbarie

Por una crítica incivilizada de la modernidad

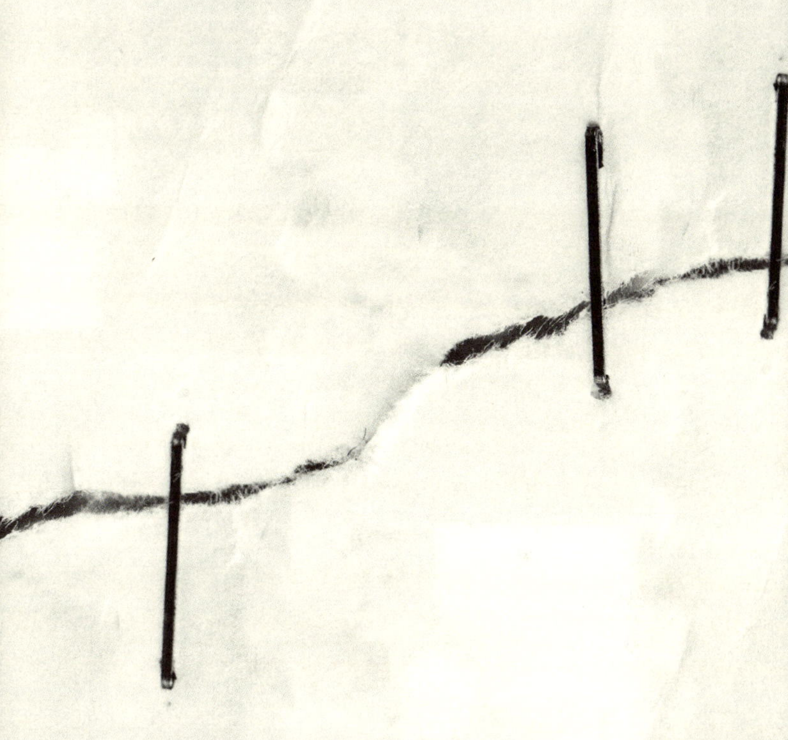

IBAI
ATUTXA ORDEÑANA

SOBRE LA BARBARIE

POR UNA CRÍTICA INCIVILIZADA DE LA MODERNIDAD

Prólogo: PASTORA FILIGRANA

Traducción: ARRATE HIDALGO

EDICIÓN ORIGINAL
Barbaroak eta zibilizatuak. Euskal gatazken eskuliburu materialista
Txalaparta, Tafalla, 2022

PRIMERA EDICIÓN DE TXALAPARTA
Tafalla, octubre de 2024

EDITORIAL TXALAPARTA S.L.L.
San Isidro 35
31300 Tafalla NAFARROA
Tfno. 948 703 934
info@txalaparta.eus
www.txalaparta.eus

ISBN
978-84-10246-17-1
DEPÓSITO LEGAL
NA. 1696-2024

DISEÑO DE COLECCIÓN Y CUBIERTA
Esteban Montorio

MAQUETACIÓN: Artizarra

IMPRESIÓN
Gráficas Iratxe
Polígono Agustinos, calle M, 5
31160 Orkoien – Navarra

ÍNDICE

PRÓLOGO

El invento del barbarismo vasco

Vivimos en una ordenación del mundo que se pretende totalitaria e impone una forma única de pensar, sentir, producir y consumir. Cualquier forma de organizarse o vivir que pueda suponer un cuestionamiento a esta imposición es percibida como una amenaza que merece ser criminalizada, perseguida, reprimida y extinguida. El nivel de violencia institucional que se ejerce contra estas disidencias va a depender de la capacidad de incidencia que puedan tener en un lugar y territorio determinado.

La represión política es el castigo que el poder institucionalizado da a los grupos de personas que suponen una amenaza para el statu quo. Consiste en destruir la condición de sujeto político de la disidencia para impedir que pueda incidir socialmente llevando a cabo su propuesta política, económica o social. Sin embargo, la represión no solo puede dirigirse contra grupos de personas articulados en torno a cuestiones ideológicas políticas sino que otras muchas prácticas vitales de los grupos humanos pueden ser objeto de persecución o represión según la amenaza que supongan para el sostenimiento del orden dominante. Ejemplos de ello en la historia son la persecución policial a las comunidades LGTBI, el feminicidio que llevó a cabo la Inquisición durante los siglos XVI-XVII conocido como la caza de brujas, o la persecución histórica del Pueblo Gitano y sus manifestaciones identitarias.

El castigo penal es una de las herramientas más utilizadas por el poder para llevar a cabo esta represión. Se trata de medidas policiales, parapoliciales y judiciales utilizadas con la finalidad de borrar la disidencia. Este castigo se impone por lo que las personas son y no por lo que hacen. Se castiga por vivir o pensar de un modo que cuestione el modelo imperante de ordenación social y económica. Este castigo se imparte de manera sistemática y con métodos similares contra todas aquellas personas que se consideran disidentes del orden imperante en un tiempo y lugar determinados.

El derecho penal del autor (o del enemigo) es aquel que vincula el castigo con la peligrosidad del autor, no por el hecho que realiza, sino por su condición de persona «peligrosa» o enemigo. El término «derecho penal del enemigo» fue acuñado por el jurista alemán Günter Jakobs en 1985 y ha tenido una gran influencia en las leyes antiterroristas europeas en las últimas décadas. Jakobs considera que los enemigos no son efectivamente personas, por tanto, no pueden ser tratados como tales. En consecuencia, este castigo excepcional limita garantías jurídicas para la persona castigada. Ejemplo de este derecho penal de excepción en el ordenamiento jurídico español sería la existencia de un tribunal excepcional para ciertos delitos o el aumento del tiempo de detención o de aislamiento en el caso de terrorismo.

Pero para llevar a cabo la teoría de Jakobs es necesario establecer quién es persona y quién no. ¿Dónde está la línea divisoria entre lo humano o no-humano, entre el ser o el no ser? Este libro busca la respuesta a esta pregunta en la teoría crítica de la modernidad neoliberal aplicándola al caso concreto del pueblo vasco.

La modernidad es un proyecto civilizatorio europeo que tiene su origen en el siglo XV, a partir de la colonización. La modernidad construye un sistema-mundo que jerarquiza a los grupos humanos según un ideal occidental, cristiano, blanco y patriarcal y establece globalmente un modelo económico capitalista.

Este proyecto civilizatorio establece un ideal de ser y estar en el mundo que supone el patrón de comportamiento a partir del cual medir el resto de las realidades y suponiendo un criterio de reparto de derechos y riqueza en el mundo.

En cada contexto histórico y territorial ha sido necesario definir quién ha estado en un lado u otro de la línea divisoria entre lo humano y lo no-humano. Se ha impuesto a su vez a los grupos humanos que quedan del lado del no-ser plenamente personas la obligación de serlo bajo la amenaza de exterminio si su resistencia suponía un peligro para el sostenimiento del proyecto de la modernidad neoliberal. En palabras de Ramón Grosfoguel, el proyecto civilizatorio de la modernidad ha ido del «cristianízate o te mato» en el siglo XVI, al «civilízate o te mato» en los siglos XVIII y XIX, al «desarróllate o te mato» en el XX y, más recientemente, al «liberalízate o te mato» a principios del XXI[1].

En el presente trabajo se evidencia cómo ha sido necesario situar en el lado de lo no-humano o del no-ser a la izquierda independentista vasca para justificar la represión institucional padecida históricamente. Se construye, siguiendo el paradigma de la modernidad neoliberal,

1. Grosfoguel, Ramón. 2008. «Hacia un pluri-versalismo transmoderno decolonial». USA: University of California – Berkeley. http://www.revistatabularasa.org/numero-9/10grosfoguel.pdf

la categoría del vasco como sujeto salvaje, bárbaro o primitivo que necesita ser civilizado a través del castigo para que no suponga una amenaza para la paz social.

Ibai Atutxa se remonta en este libro a la construcción histórica del vasco salvaje; sin embargo, cobran una especial importancia las categorías de salvajismo asociadas a la izquierda vasca en las últimas décadas. Esta construcción del barbarismo de la izquierda abertzale ha sido imprescindible para justificar la represión policial y judicial padecida por una parte de sociedad civil vasca bajo la retórica de la lucha contra el terrorismo de ETA y cuyos efectos llegan hasta el presente.

La doctrina del «entorno de ETA» aplicada por la Audiencia Nacional a partir de 1998 necesitó para su implementación asociar a toda persona vasca que compartiera la ideología independentista con el terrorismo y convertirla por tanto en merecedora del castigo más allá de los actos que hubiera cometido. La intencionalidad política o la motivación ideológica fue suficiente en el macroproceso 18/98 instruido por el entonces juez Baltasar Garzón para constituir un delito de terrorismo. El resultado de este macroproceso, al que continuaron otros en la misma línea jurisprudencial, supuso la condena a 46 personas con penas de prisión de hasta doce años por su mera pertenencia a medios de comunicación y espacios políticos o culturales que compartían una ideología independentista con el grupo armado ETA.

Esta doctrina judicial y su vertiente política a través de iniciativas como el Plan ZEN o Plan Especial Norte supusieron una restricción de libertades políticas como instrumento de «lucha contra el terrorismo» basado en la supuesta peligrosidad de determinados grupos humanos por lo que son y no por sus actos.

A pesar del choque frontal de estas doctrinas con el enfoque de derechos fundamentales de las sociedades democráticas, la misma tuvo una importante connivencia social de amplios sectores basada en el relato de barbarismo que envolvía a estos enemigos del orden y la seguridad: las personas integrantes de la izquierda independentista vasca. Ibai Atutxa presenta en este libro los procesos de construcción de estas categorías binarias de civilización/barbarie que subyacen detrás de estos episodios de represión política.

Este trabajo de identificar los relatos que se ocultan bajo la represión y criminalización de grupos humanos es importante a la hora de plantear la salida de estas violencias.

En primer lugar, porque, aunque en cada momento histórico y territorio la violencia institucional contra la disidencia tenga diferentes formas de manifestarse, existen suficientes puntos en común como para posibilitar alianzas entre los grupos barbarizados. Sirva como ejemplo de estos puntos comunes entre procesos de represión diferentes el hecho de que algunas de las herramientas que se diseñaron para la persecución de la izquierda independentista vasca se han utilizado contra otros grupos disidentes. Me refiero a la ley antiterrorista que posibilitó interpretaciones amplias de lo que debía ser considerado «entorno de ETA». Cabe citar casos como el de los titiriteros de Granada, el de Cassandra Vera o el del cantante de Def Con Dos, César Strawberry, en los que se han utilizado figuras del Código Penal pensadas para luchar contra ETA con el fin de aplicarlas únicamente para limitar la libertad de expresión, aún años después de desaparecer la amenaza armada.

Entender estos procesos de construcción del enemigo a partir de las jerarquías que establece la modernidad nos obliga a las disidencias a no reproducir dicotomías salvajismo/civilización respeto a otros. Las disidencias europeas deben estar alerta de no reproducir estas jerarquías de humanidades que establece la modernidad sobre otros grupos como la población migrante o racializada. El autor nos insta a que la lucha contra la represión no se limite a elegir el lado bueno del binomio civilización/barbarie, sino que cuestione el hecho mismo de su existencia y la jerarquización de humanidad que supone en base a un ideal occidental, blanco, colonial y patriarcal. Al fin y al cabo, un sistema civilizatorio como la modernidad neoliberal necesita constantemente crear a otro peligroso y bárbaro sobre el que colocar la responsabilidad de la propia incapacidad del sistema para garantizar la vida digna para toda la humanidad. Siempre hay otro peligroso responsable de los males sociales cuyo origen real está en la civilización de muerte que supone esta ordenación del mundo.

El reto que nos lanza Ibai en este trabajo es buscar un modo incivilizado de estar en el mundo, en tanto en cuanto son nuevas formas de ser y estar que se alejen del ideal de la modernidad y el neoliberalismo que supone formas estructurales de violencia y de negación de la universalidad de los derechos humanos. Para ello es necesario buscar en las propias formas de vida reprimidas los aportes para la construcción de una Euskal Herria y un mundo donde todas las vidas valgan lo mismo.

PASTORA FILIGRANA

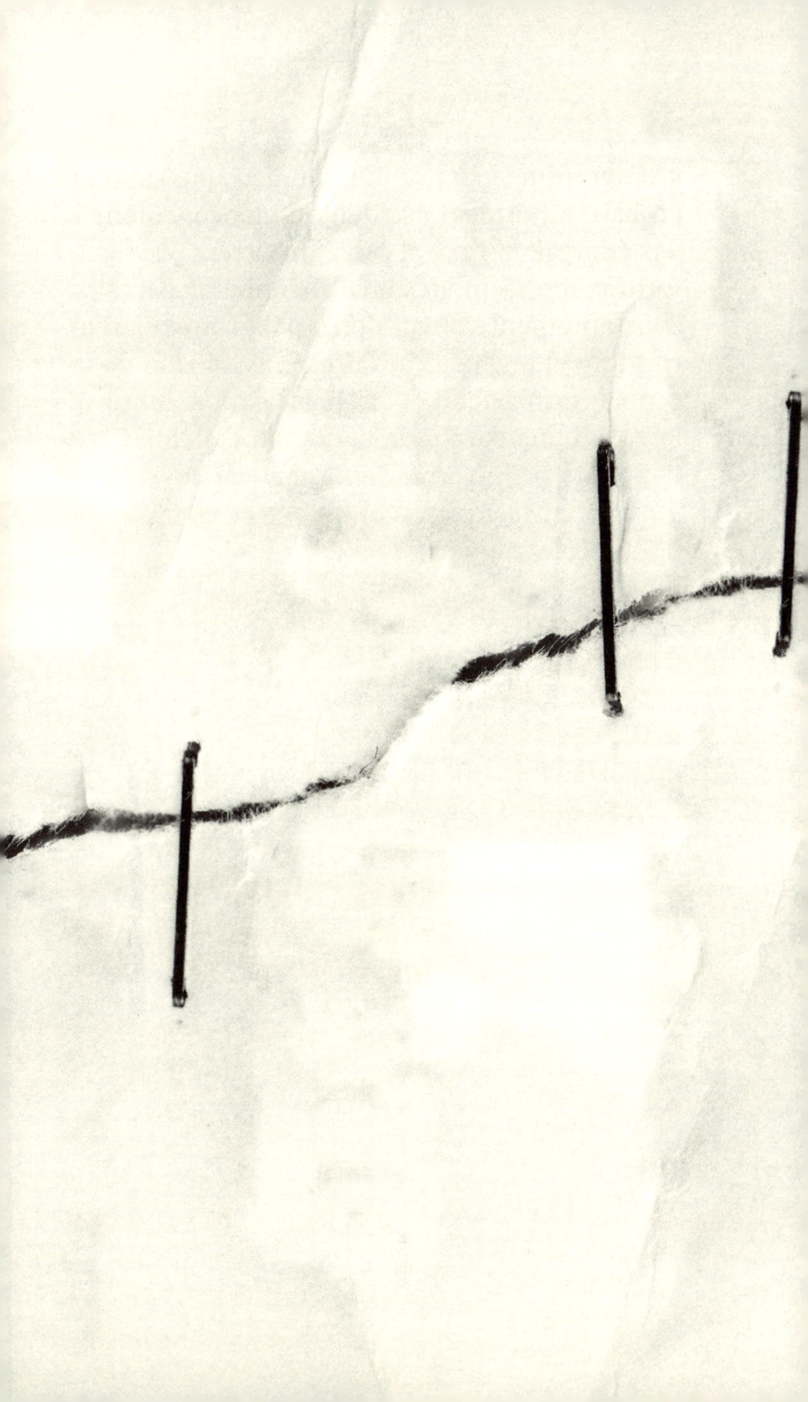

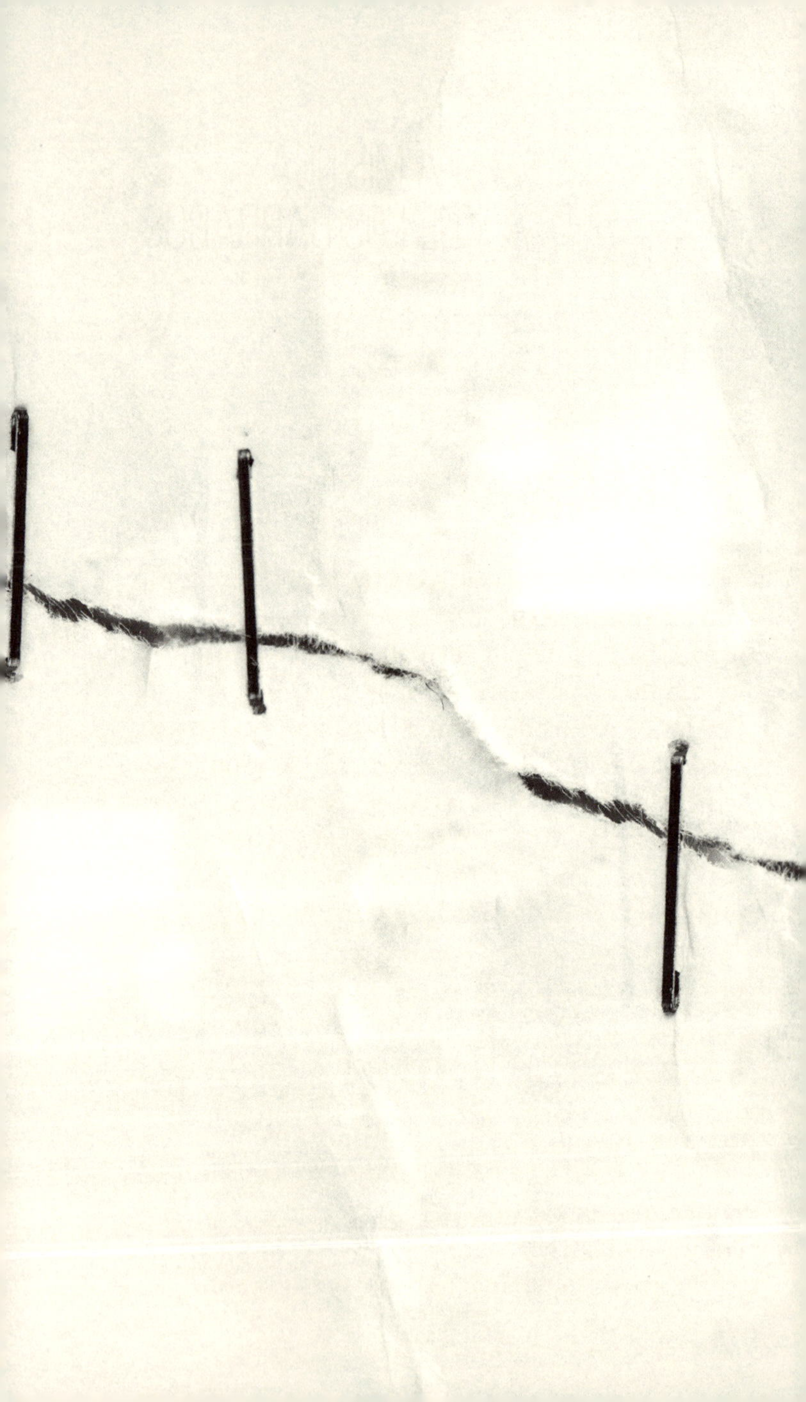

LA MÍSTICA DE LOS BÁRBAROS

La pantalla se llena de chorretones de kétchup con el primer espadazo. Con dos tajos más, la espada logra dividir la cabeza del cuerpo de *atrezzo*. El cadáver de Thulsa Doom se precipita por las escaleras del templo, y Conan el bárbaro, tras agarrar la cabeza de los pelos, se asoma por el balcón. Alzándose sobre sus seguidores, Conan les muestra la cabeza antes de dejarla caer. El cráneo decapitado rebota escaleras abajo: pum, pum pum. Conan suelta la espada. Paz, al fin.

En 1982, Arnold Schwarzenegger decapitaba de tres espadazos a James Earl Jones en la película *Conan, el bárbaro*. Con aquel acto, Hollywood resolvía como pocas veces se ha visto la dialéctica entre el bárbaro y el civilizado. Tras una disputa de 129 minutos, el protagonista era al fin libre de aquella relación de poder que lo definía: ya no quería ser ni una cosa ni la otra.

Ni *Gladiator* (2000) ni *El hombre del norte* (2022) conceden al bárbaro esa paz: los protagonistas de ambos filmes –representante de la civilización, uno; bárbaro a secas, el otro– acaban muertos, destino al que los condenan, respectivamente, Ridley Scott, creador de *Alien*, y Robert Eggers, que en 2015 saltaría a la fama con *La bruja*. Al contrario que ellos, John Milius –guionista de *Apocalypse Now* (1979)– y Oliver Stone –responsable del guion de *Scarface* (1983)– decidieron dejar a Conan con vida una vez derribada la civilización.

Las tres películas hablan sobre nuestras formas de mirar. Estas creaciones de miembros del *boys' club* que conforman los directores y guionistas de culto nos muestran al bárbaro, en tiempos de la creación y el consumo masivo de las producciones industriales de Hollywood, tal y como está construido en el capitalismo global. El hollywoodiense es el bárbaro que todos conocemos, el que todos replicamos, con sus matices. Y siendo la cultura popular un territorio en disputa, estos *blockbusters* nos ofrecen una síntesis no solo de las lógicas que construyen al bárbaro, sino también de las herramientas que lo desarman.

Esta representación mistificadora del bárbaro tiene un efecto condicionante sobre el conflicto vasco. Esa es, precisamente, una de las ideas que atraviesan este libro: el bárbaro

–o, mejor dicho, la barbarización– es una tecnología de subalternización de la Euskal Herria emancipadora; una tecnología con la que se representa a ciertos vascos como bárbaros en lo discursivo y, como tales, se los persigue en lo material. Para entender estos procesos de barbarización, *Conan*, *Gladiator* y *El hombre del norte* ofrecen cuatro principios.

1. El bárbaro es la mistificación total. El de *Conan* y *El hombre del norte* es un hombre hipermasculino, violento y, sin embargo, noble, poseedor de ciertos valores fundamentales; un hombre que va encorvado a lo neandertal, apenas habla y, cuando lo hace, es con un acento muy marcado. Incluso en los momentos en que *Gladiator* trata de mostrar una representación histórica de los pueblos germánicos, lo hace a través de grupos desorganizados de hombres barbudos, vestidos con pieles y armados con trastos troglodíticos, enfrentándose de forma caótica al ejército imperial romano –regular, disciplinado y pertrechado de uniformes, espadas y escudos óptimos para la guerra–, que lleva a cabo elaboradas tácticas militares. «Habla en alemán» es lo que ofrecen por todo subtítulo cuando el líder de los bárbaros grita algo a los romanos, que, por su parte, hablan un exquisito inglés. Ese

bárbaro no es más que una trampa, una cobertura mistificadora.

2. El bárbaro oculta las relaciones materiales de opresión. «Feroces mercenarios y guerreros de todas las naciones bárbaras, empeñados en destruir y conquistar sin piedad. Vuestro emperador se complace en ofreceros... ¡la horda bárbara!», vocifera el animador del coliseo en *Gladiator*. El bárbaro es designado por el emperador como sujeto de un pasatiempo violento pensado para la narcosis intelectual, pese a que, por supuesto, quienes desempeñan dicho rol no son bárbaros, sino sujetos subalternos, oprimidos, desposeídos. Esa es la comunidad que es conducida al circo para su tortura y matanza pública. Esa cobertura mistificadora supone servirse del bárbaro para dar significado a ciertas relaciones materiales de opresión y, al mismo tiempo, ocultarlas.

3. El bárbaro pone patas arriba las relaciones de poder. Doom lo explica en el tono tranquilo y controlado de los civilizados: «Irrumpiste en mi casa, me robaste, asesinaste a mis criados y a mis animales. Y eso es lo que más daño me hace. Mataste a mi serpiente». Conan, al que acaban de dar una paliza, le responde con amargura: «Tú

mataste a mi madre. Mataste a mi padre ¡y a toda mi gente!». Doom decide al instante: «Qué lástima [...]. Crucificadle». Es el líder de los civilizados el que decide quién perpetra la violencia condenable y quién merece el castigo. Es él quien decide que sus actos no son violencia, sino autodefensa, mientras que el bárbaro es violento por naturaleza. Así es como el poder mistificador del bárbaro distorsiona las relaciones materiales de opresión, que al invertirse asignan al señalado como bárbaro el rol de opresor, mientras que el civilizado asume el papel de víctima.

4. Sin bárbaro no hay civilizado. Eso sí, este último le dirá al primero exactamente lo contrario: que es él quien necesita la civilización. Así se lo hace saber Doom a Conan: «¿Quién te ha dado el deseo de vivir? Yo soy la fuente de la que manas. Cuando yo no exista tú jamás habrás existido. ¿Cuál sería tu mundo sin mí?». Aún peor: en *El hombre del norte*, Amleth entiende esa relación de subordinación como su sino. «Me fue profetizado que debería elegir entre el bien para los míos o el odio para mis enemigos. [...] No podemos escapar a nuestro destino». Y allá va Amleth, derecho a combatir contra el civilizado que acabará con él. En las películas *El hombre del norte* y *Gladiator*, quizás obedeciendo a cierta

> justicia poética, el bárbaro mata a su vez al tirano civilizado. El mensaje, sin embargo, es claro: el bárbaro no puede escapar de la dialéctica que lo construye como tal.

Tal vez esa sea una de las vías por las que escapar de la relación entre el bárbaro y el civilizado: saber que es este último quien necesita al primero. Saber que, cuando se llama bárbaro a alguien, en realidad se están poniendo en marcha unos procesos de barbarización; que el bárbaro es un proceso subalternizador de mistificación que encubre y distorsiona las relaciones de opresión. Quizás eso sea, precisamente, lo que Conan entiende al final de la película.

SALVAJES MODERNOS: CAJA DE HERRAMIENTAS

Un informe publicado en 2017 por el Instituto Vasco de Criminología de la UPV/EHU cuenta 3.019 casos de tortura entre 1979 y 2014. Se trata de una estimación prudente en extremo, un hecho que el propio trabajo de investigación explicita. A esta lista se suman, entre otros, los 825 casos que denuncia la investigación realizada en 2023 por la Red de Personas Torturadas de Navarra. Pese a lo manifiestamente conservador de las cifras, una división estadística nos da más de dos casos de tortura por semana.

Basta un cálculo rápido para obtener unos resultados que, pese a que deberían ser abrumadores, tratamos como si fueran de lo más ordinarios. Casi el 25 % de las sesiones de tortura que salieron a la luz en 2017 se prolongaron entre cuatro y cinco días; otro 25 %, entre seis y diez, y el 4 %, más de diez. En el resto de los casos las sesiones se alargaron entre uno y tres días. Por otro lado, las torturas que se hicieron públicas en 2023 duraron 4,36 días de media.

Si colocásemos cada sesión de tortura en hilera, una detrás de otra, podríamos decir que el Estado español –ese Estado moderno, europeo, democrático, civilizado y pacífico– lleva más días torturando de los que suma la actual democracia española en toda su existencia. En los 35 años transcurridos desde 1979 y 2014, cada uno de los 12.775 días de vida del régimen democrático es un día de torturas. La modernidad europea, al igual que el régimen del 78 español y la Quinta República francesa, tiene reversos oscuros. Este es uno de ellos.

Esta violencia traducida en números asépticos nos muestra lo que ya sabíamos: la tortura, lejos de ser una excepción, es una práctica institucional estructural y sistémica. Y nos muestra algo aún más importante: esos números exigen la construcción de un sujeto torturable.

Estos casos de tortura requieren la aceptación de una categoría social que pueda identificarse en ciertos cuerpos, una categoría a la que poder negarle su humanidad. Más concretamente, exigen el uso y actualización constantes de una violencia que ha sido perpetuada a lo largo de los siglos. Exigen que se constituya toda una realidad en virtud de la torturabilidad de algunos vascos en concreto. Exigen, en última instancia, que reaccionemos ante la tortura con un suspiro de aburrimiento.

En 2018, Felipe González publicó un artículo titulado: «ETA: un terrorismo salvaje e inútil». He ahí la categoría utilizada una y otra vez, repetida sin descanso: la del salvaje, el bárbaro. El político demócrata que en 1982 asumió la presidencia en nombre del PSOE, el «señor X» que estuvo detrás de la guerra sucia del GAL en tiempos del plan policial ZEN, el jefe de Gobierno que abasteció de armas a, entre otras, la dictadura colonial-imperial de Pinochet, identificaba una vez más al enemigo de la modernidad civilizada: el vasco salvaje, bárbaro.

Con esas palabras, González estaba participando en un discurso barbarizador de siglos de antigüedad, a lo largo de los cuales el vasco ha visto como le adjudicaban la identidad de salvaje o le obligaban a negarla. Sea como sea, el caso es que hemos pasado estos últimos quinientos años atrapados en un eje con el civilizado a un extremo y el bárbaro al otro.

En 1571, Joanes Leizarraga se resistía contra el discurso barbarizador establecido en su introducción al *Nuevo Testamento*: «*Heuskaldunak berze natione guzien artean ez gar[a] hain basa*» («Los vascos no somos tan salvajes entre todas las demás naciones[2]»). Eso sí: en el siglo XVI, el euskera tenía que ser no-bárbaro para poder conocer y alabar a «*gure Iainko Iauna*» («nuestro Señor»). En 1909, en los tiempos en que escribía Maria Abadia, el término «primitivo» sustituyó al de «bárbaro»: «el antiguo idioma eusquérico ha perdido su pureza primitiva». A finales del siglo XIX, la rápida *transformation moderniste* se oponía a la primitividad vasca aborigen. El informe de 1983 que mediante el plan ZEN legalizó la violencia policial afirmaba que «las peculiaridades del carácter vasco activaron un grupo revolucionario». Era esa idiosincrasia bárbara y violenta inherente a lo vasco lo que permitió al plan ZEN justificar sus prácticas de violencia institucional, impune y pseudodemocrática. En el año 2000, Juan José Ibarretxe expresó que había que distinguir claramente «a los que están con la barbarie de los que están con la razón, a los que están con el terror de los que están con la paz». A principios del siglo XXI, la división entre vascos civilizados y bárbaros servía para distinguir entre demócratas y violentos. Ya entrados en la tercera década del siglo XXI, María Chivite afirmaba: «esto del euskera obligatorio [...] no es algo que vaya a ayudar al euskera [...] sino que [...] va a ser terrible para la convivencia». La bár-

2. Cuando no se indique lo contrario, las traducciones son de la traductora.

bara y antidemocrática imposición del euskera se opondría así a una convivencia supuestamente elegida, tolerante y democrática.

Existe un imaginario del «salvaje» que se ha ido renovando, transformando y extendiendo a lo largo de la modernidad para denominar al vasco. «*Basa*», el término utilizado por Leizarraga, nos sirve para nombrar todo un imaginario que desde el siglo XVI hasta nuestros tiempos ha reunido en su haber categorías tales como bárbaro, idólatra, irracional, primitivo, indisciplinado, impuesto, violento y antidemocrático. Además, este imaginario salvaje no se trata únicamente de algo discursivo y simbólico, sino de una tecnología estructural de conocimiento y poder que da nombre y sentido a una violencia definitivamente material.

Así, por ejemplo, el salvaje terrorista vasco del régimen del 78 no es un mero constructo discursivo. La propagación y materialidad de esa categoría social quedan patentes en los asesinatos de Estado paramilitares del GAL, la Triple A y otros; en la impunidad policial del plan ZEN y la ley antiterrorista, y en la doctrina del «todo es ETA» del juez Baltasar Garzón. La criminalización de los movimientos populares, de la *euskalgintza* y de la desobediencia civil, los macrosumarios y la clausura de periódicos nos lo han dejado claro una y otra vez. La deshumanización de los vascos, convertidos por la policía en «ciervos» a los que cazar; las detenciones de madrugada, los periodos de incomunicación, los más de 3.000 torturados; los exilios y la cárcel también lo ponen de manifiesto. El imaginario del salvaje se ha propagado por completo. Cuesta pensar en algo más material y agresivo para los cuerpos.

El vasco salvaje, por lo tanto, no es una identidad estática. Es, más bien, una tecnología pensada para deshumanizar y subalternizar al vasco desobediente. Donde más claramente se ha plasmado esta tecnología ha sido en la doctrina del «todo es ETA», aunque, en realidad, «todo» no era absolutamente todo, ni «ETA» era exactamente ETA. Ese «todo» estaba formado por cualquier movimiento de emancipación de Euskal Herria: esas son las relaciones sociales que le dan forma. «ETA», por otro lado, es el nombre propio que se le dio al imaginario salvaje. Esa era la mistificación del vasco salvaje: deshumanizado, despolitizado, terrorífico, enemigo de la democracia, opuesto a la civilización, violento, culpable sin necesidad de demostrarlo. Un papel que cualquier vasco podría representar y al cual era preciso castigar. El imaginario del salvaje ha naturalizado la violencia material contra el vasco desobediente, y es gracias a dicho imaginario como se le ha hecho torturable.

Lo más seguro es que los lectores vascos hayan encarnado la secuencia ritual de la violencia que le corresponde al vasco salvaje: primero, lo cazan, lo ponen contra la pared, lo identifican y registran; después, lo detienen, incomunican, torturan, encarcelan, desposeen, dispersan y vuelta a empezar. Seguramente los lectores vascos lo hayan encarnado, aunque sea en parte; seguramente lo hayan vivido y lo hayan temido. Este ritual lleva la vida del vasco identificado como salvaje a las puertas de la muerte (sin llegar a matarlo, a menos que se cometa algún error). El lector afortunado nunca habrá sido obligado a completar la secuencia hasta el final. Con un poco de suerte habrá pasado por la fase de «cazar, poner contra la pared, identificar, registrar», y hasta la próxima.

La vida del vasco salvaje no se administra a través de las mismas lógicas asignadas a los ciudadanos civilizados y demócratas de bien. Ahora bien, contra el sujeto bárbaro vasco tampoco se ejercen las mismas violencias ejercidas contra cada una de las colectividades subalternizadas. Esto es, al sujeto bárbaro vasco no le corresponde el «hacer morir» que se ejerce contra los cuerpos racializados, o la patologización de las disidencias a la heteronormatividad, o la violencia patriarcal contra las mujeres, o la alienación de los trabajadores precarizados. El vasco salvaje no se corresponde completamente con los regímenes biopolíticos y necropolíticos neoliberales, cisheteropatriarcales y coloniales teorizados hasta el momento.

El ejercicio de poder y la producción de la verdad que corresponde a la práctica de tortura de los barbarizados está reservada al vasco salvaje. Para él es el régimen de violencia que lleva la vida al borde de la muerte o, como poco, la prórroga permanente de la posible tortura. El imaginario del salvaje designa toda una tecnología de gestión de la vida y la muerte, designa la mecánica violenta que divide nuestro bienestar y malestar de forma diferencial.

El euskera, ancla de la barbarización

A lo largo del hilo conductor de la modernidad, el euskera se ha utilizado para determinar al ser salvaje, bárbaro, herético y antidemocrático. En 2022, el escritor canónico Ramon Saizarbitoria tuvo que criticar que el euskera «sigue siendo para algunos una lengua de asesinos». La lengua vasca era, todavía, la lengua de la antidemocracia bárbara.

El euskera es una herramienta de comunicación. Sí, claro. El euskera, lejos de ser una simple amalgama de palabras, es una organización concreta de signos con la que codificar el mundo de forma singular. Sin duda. Eso es algo que lleva argumentándose, partiendo del estructuralismo, desde la década de los 50. El euskera es, además, un campo de batalla para todas las clases sociales que lo utilizamos –algo que las actualizaciones del marxismo dejaron bien claro durante la segunda década del siglo XXI–. Sin embargo, el euskera no es solo eso. También es el material con el que se subalterniza la categoría social de «euskaldun» a la que damos cuerpo. El posestructuralismo y el neomaterialismo han demostrado que una lengua no solo describe la realidad, sino que también la crea, y es partiendo de esta noción como se han servido de la lengua vasca para barbarizar al vasco; es decir, para construir en los cuerpos al vasco salvaje. Precisamente por eso, el euskera también puede servir para liberarnos de la barbarización subalternizadora.

Aquí, la lengua se ha utilizado del mismo modo que la raza, el sexo, la sexualidad y la clase económica. En otras palabras, el euskera ha funcionado para naturalizar las diferencias opresoras a las que se ancla la modernidad. Se ha utilizado, en nuestro caso, para perpetuar los sistemas taxonómicos jerarquizantes entre naciones y sujetos de la nación. Se ha tomado la lengua para construir una gramática en torno a las características de los bárbaros y los civilizados.

Tirando del hilo, es imposible no proponer una hipótesis demasiado amplia para las dimensiones de este trabajo. Es de suponer que todos los pueblos sin Estado hablantes de lenguas minorizadas experimentan el eje de opresión que define a bárbaros y civilizados, un eje que se ancla, precisamente, en las lenguas. Es de imaginar, también, que las lenguas se han utilizado para barbarizar a todos esos pueblos, y a nadie le sorprendería ver que a cada uno de ellos se le ha endosado un imaginario salvaje propio. Así pues, el hecho de experimentar el mismo sistema taxonómico jerarquizante de todas las barbarizaciones haría posible la construcción de alianzas para truncar una violencia que también es siempre la misma.

Volviendo a nuestro contexto, el vasco ha sido barbarizado cada vez que la relación entre el euskera y la nación ha pasado por el tamiz de la religión, la raza, la etnia o el mercado. Una y otra vez, la lengua se ha utilizado para la mistificación del vasco y de Euskal Herria, unas veces adjudicándole un carácter trascendental y otras, esencial. Una y otra vez, la lengua se ha utilizado para fetichizar tanto al vasco como Euskal Herria. Nos hemos imaginado por medio de representaciones metafóricas, como si la lengua fuera nuestra posesión.

Así pues, en el sentido más materialista, tenemos que desmontar la mistificación, la metáfora y el sentido de posesión, y llevar a cabo una lectura de las relaciones sociales y especificidades históricas que integran el vasco salvaje. No es la posesión de la lengua vasca lo que ha hecho al vasco, sino la violencia que ha derivado de la barbarización de dicha lengua. En este texto nos referimos a esto como lucha por la lengua. Ese es el sentido auténtico del conflicto vasco: un conflicto nacional, lingüístico y de sujeto, en el sentido más materialista.

Consideremos, entonces, que la del terrorista no es otra cosa que una barbarización más del vasco. Pensemos, tal vez, que el conflicto vasco no empezó en la década de los 50 del siglo pasado ni terminó en la segunda década de este. Por tanto, entendamos que, con cada actualización de la diferencia subalternizadora de la categoría de «vasco salvaje», también se ha actualizado el conflicto vasco. Comprendamos, en definitiva, que la violencia del eje de opresión que divide a civilizados de bárbaros ha condicionado los modos en que se articulan no solo las luchas vascas, sino también al vasco, el euskera y Euskal Herria. Así pues, tengamos en cuenta que esto es lo que hace de la opresión nacional del conflicto vasco la opresión sistémica y estructural de la modernidad.

La modernidad: sin bárbaro, no hay civilizado

Los vestigios de la formación del vasco salvaje contemporáneo se remontan a los inicios de la modernidad y la acumulación original capitalista, la caza de brujas patriarcal, la persecución de la sodomía y el nomadismo, la red del comercio de esclavos y el sistema colonial de plantaciones. Al igual que ocurrió con los desposeídos de las demás luchas, también el vasco salvaje chorreaba sangre y lodo por todos los poros en la construcción de la modernidad temprana.

En el siglo XVI, la élite burocrática y eclesiástica vasca comenzó a renegar del uso del euskera, al mismo tiempo que se desarrollaba el pensamiento antibarbarista. Esa diglosia imperial civilizada haría suya la sed de confesiones forzadas a manos de la Inquisición y la hostilidad de los juicios populares, alimentados por los tratados antidemoníacos. Fruto de esta barbarización fue la fabricación de una verdad acerca del vasco salvaje e idólatra. Así, al quemar a la «bruja» junto con el «vasco salvaje» en la plaza del pueblo, lo que hacían era construir al vasco cristiano, moderno, civilizado e imperial.

Las actuales fases de optimización de la modernidad están viendo las últimas transformaciones del vasco bárbaro. Son tiempos de la constante acumulación y expolio del capitalismo neoliberal; de los incesantes asesinatos cisheteropatriarcales de mujeres, trans, maricas y bolleras; de la necroproducción colono-imperial de las comunidades racializadas. Al igual que ocurre con los oprimidos de otras luchas, también el vasco salvaje chorrea sangre y microplásticos por todos los poros en la reestructuración de la modernidad tardía.

En este siglo XXI, los mecanismos de Estado que debilitan el euskera de forma estructural se deciden de acuerdo con el pensamiento antibarbarista de las clases políticas, económicas e intelectuales liberales y neoliberales. Las políticas lingüísticas civilizadas, aparentemente despolitizadas, van de la mano con la sed de confesiones forzadas de los sistemas judiciales y los medios que echan leña al fuego de la demonización del terrorista. Fruto de esta última barbarización es la fabricación de una verdad acerca del vasco salvaje antidemocrático. Cada vasco que ha sido torturado de forma sistemática en las cárceles y los cuarteles ha recibido la categoría de bárbaro irracional. Con cada tortura se han dedicado a erigir el vasco de la razón, moderno, constitucional, tolerante y capitalista.

Ya se leía claramente en el plan ZEN: para saber quiénes eran los «defensores de la democracia», había que definir, antes que nada, quiénes eran sus «enemigos». Esto hace de la barbarización una de las violencias estructurales y constitutivas que construyen la modernidad. Cabe decirlo de nuevo: sin barbarizado no hay civilizado, ni hay demócrata, ni hay capitalista racional y pacífico.

Es más, la barbarización también es la violencia material contra el vasco desobediente emancipador, y las mistificaciones y fetichizaciones ocultan tanto esa violencia como esa desobediencia. A las opresiones cisheteropatriarcales, racista-coloniales y de clase que construyen la modernidad se les une, en nuestro contexto, la barbarización.

Todas estas violencias de la modernidad no son daños colaterales que hemos de pagar a cambio del progreso. Tampoco desaparecerán si seguimos una interpretación teleológica y eurocéntrica de la historia, ni se resolverán gracias a la supuesta bondad propia del sistema capitalista de producción. Todo lo contrario: todas ellas son necesarias en cada fase de optimización de la modernidad.

Estas violencias sostienen la modernidad de las teologías secularizadas. Se trata de la modernidad del mito del hombre autónomo, el que supuestamente existe en competición innata con todos los demás. Hablamos de una modernidad que naturaliza el sujeto posesivo, la que ve la historia como un progreso en línea recta, la que promulga el estado de naturaleza hobbesiano y la división cartesiana entre cuerpo y mente.

Los periódicos anuncian la efemérides de las violencias constitutivas de la modernidad. Los cuerpos racializados son los únicos a los que agredirá la policía en el barrio bilbaino de San Frantzisko, a los que hacinarán en los Centros de Internamiento de Extranjeros, los que se ahogarán en el Bidasoa. Los cuerpos sexuados como mujeres son los únicos a los que agredirá un hombre en el barrio bilbaino de Santutxu cuando van de camino a casa, a los que el trabajo de cuidados dejará sin fuerzas, a los que asesinarán sus maridos. Solo algunos cuerpos afectivos sufrirán las agresiones del hetero en Arrigorriaga o Basauri o la patologización en los medios, solo algunos morirán a manos de asesinos que utilizan apps de citas para ello. Solo los cuerpos desposeídos serán los precarizados en puestos de trabajo, los que perderán la vida a cambio de un salario, los que serán despedidos en masa mientras los empresarios multiplican sus beneficios.

De igual manera, los cuerpos barbarizados son los únicos a los que agredirán los ciudadanos civilizados por hablar euskera en Baiona. A los que detendrán en Altsasu. A los que torturarán en las comisarías. Los que se exiliarán por todo el mundo. A los que multarán en la Semana Grande de Bilbo. A los que dispersarán en las cárceles.

Todas estas violencias no son identidades acumulables: son relaciones materiales de opresión que se entrecruzan, son una realidad caótica y confusa que las categorías sociales ordenan a la fuerza. Las violencias materiales cobran sentido en las estructuraciones dualistas y jerárquicas.

Fue a través de estas violencias como se construyeron los imperios modernos español y portugués del siglo XVI, y los imperios británico, francés y alemán del siglo XVIII. Violencias que quedaron inmortalizadas con la modernidad burguesa jacobina del *liberté, égalité, fraternité*, que quedaron naturalizadas con la modernidad americana de la Guerra Fría, con la de la tolerancia del régimen del 78, con el fundamentalismo de mercado del Consenso de Washington del 89. Violencias que se nos han colado en casa con la modernidad que promulga el eslogan «lo que se gestiona aquí se gestiona mejor» del supuesto oasis vasco.

Así pues, la modernidad occidental, blanca, capitalista, cristiana y eurocéntrica está hecha de violencia. Adopta la globalidad, la universalidad, el presente, el progreso y el desarrollo como único posicionamiento y los monopoliza por la fuerza. Y eso es justamente lo que también construyen los procesos de barbarización del vasco: la modernidad civilizada.

Todas las violencias son violencias económicas, lingüísticas, culturales y físicas. Todas son violencias materiales y simbólicas. No son ideales, sino encarnadas, actualizadas e impuestas día a día a través de actitudes y encuentros. Sin embargo, cada una responde a ciertas relaciones sociales, y han de explicarse individualmente a través de historias materiales distintas. Cada proceso de subalternización es diferente.

Para hacerles frente, las críticas y prácticas decoloniales, transfeministas y marxistas se miran mutuamente, actuando como espejos unas de otras. Todas prestan atención a diferentes historias materiales de las opresiones y observan los reversos oscuros de la modernidad. Cada proceso de subalternización confronta la construcción de la modernidad con las violencias que le son imprescindibles: las opresiones racial-colonial, la opresión del sistema de sexo/género y la de clase.

Al mismo tiempo, en su observación de las distintas relaciones sociales del mundo contemporáneo, la decolonialidad, el transfeminismo y el marxismo buscan terminar con las estructuras dualistas de la opresión. En eso consiste luchar por la desaparición de la diferencia de clases: buscar el fin de las jerarquías mortíferas que dividen capitalistas de trabajadores, hombres de mujeres, heteronorma de homosexualidad, blanquitud de comunidades racializadas. Para ello, a menudo buscan nuevas posiciones de sujeto que trastoquen esas opresiones: «proletariado», «mujer monstruo», «deseo queer» o «habitante de la frontera» son algunas de las denominaciones que adoptan los posicionamientos emancipadores capaces de trascender la subalternidad.

Este libro hace suyos los modos de pensamiento de las críticas y prácticas marxistas, transfeministas y decoloniales para tratar las luchas vascas, con el fin de ser una caja de herramientas para comprender la opresión del euskera, de los vascos y de Euskal Herria desde la intersección de los procesos de barbarización. A lo largo de las próximas páginas, nos preguntaremos por el funcionamiento de la barbarización como elemento constitutivo de la modernidad. Con cada capítulo, se busca abrir una senda para imaginar cuáles son las posiciones de sujeto emancipadoras que harán posible la superación de la subalternidad. Sirva este libro para profundizar en las prácticas liberadoras que se han llevado a cabo hasta el momento y para seguir liberándonos de la intersección de las opresiones.

Un manual

Este pequeño libro es un ejercicio para abordar las luchas vascas en conversación con los discursos críticos emergidos en nuestro contexto, al tiempo que hace frente a la tendencia de tomar las propuestas críticas con las que se ha pensado en otras luchas, universalizarlas y trasplantarlas sin adaptarlas al contexto. Esto no quiere decir que no se hayan entablado conversaciones con discursos que piensan otros territorios culturales de forma crítica, sino que, entre conocimientos situados diferentes, debemos crear un debate crítico entre iguales, sin subordinaciones.

Es decir, que conocemos bien la obra de Karl Marx, Simone de Beauvoir, Frantz Fanon, Michel Foucault, Audre Lorde, Stuart Hall, Monique Wittig, Judith Butler, Gayatri Spivak, Gloria Anzaldúa, María Lugones, Jack Halberstam, Maria Mies y Achille Mbembe, entre otros. La cuestión radica en que no nos sirve tomar el pensamiento originado en otras realidades y aplicarlo a nuestro contexto sin cuestionar ese proceso. Este libro nace de ese cuestionamiento.

El siguiente capítulo está formado por la historización breve de cuatro barbarizaciones distintas. En todas ellas se presta atención a las relaciones sociales materiales y a los mecanismos mistificadores que construyen al vasco salvaje subalterno, al tiempo que se dan unas pinceladas generales del trabajo de arqueología que ha sacado a la luz los reversos oscuros de la modernidad civilizadora.

El último capítulo es una búsqueda de imaginarios emancipadores, un rastreo de las herramientas que hemos perdido por el camino. El ejercicio imaginativo para la práctica política ha de ser capaz de poner en duda el propio eje de opresión entre civilizados y bárbaros. Es decir, que en lugar de plantear la elección entre una nación civilizada y una bárbara, este libro concluye con un ejercicio que abre la posibilidad de pensar en una nación incivilizada.

CUATRO BARBARIZACIONES

No hay sujeto vasco civilizado sin su equivalente salvaje. O, lo que es lo mismo: no hay proceso civilizador sin la barbarización forzada. Es más, cada encarnación las luchas vascas que se ha dado en las distintas actualizaciones de la modernidad puede entenderse como una colisión en el interior de ese vórtice.

En esas colisiones, las violencias de la barbarización han dado a cierto vasco civilizado un acceso privilegiado a la modernidad. Es el caso, por ejemplo, de cuando se le dio acceso a la explotación de las colonias a partir del siglo XVI, o a las ganancias del comercio de personas esclavizadas en los siglos XVIII y XIX y, finalmente, en los siglos XXI y XXI, a las multinacionales que se enriquecen con el expolio de los pueblos del sur global. Erigida sobre la violencia ejercida contra el vasco salvaje, la modernidad coloca al vasco civilizado en el centro de la violencia y el lucro capitalista-colonial.

Este acceso privilegiado al centro de la modernidad ha sido posible gracias a un imaginario civilizado construido en contraposición al salvaje. Y, lo que quizás sea más importante, esa misma contraposición también ha condicionado la forma que han tomado los intentos de resistirla. La idea de una civilización construida en oposición al imaginario salvaje ha puesto en marcha diversos procesos de subalternización y hegemonización. La dialéctica formada por el salvaje a un extremo y el civilizado al otro construye una prisión discursiva. Solo se puede ser una de dos: o salvaje o civilizado; o violento o demócrata.

Ejemplo de esta prisión discursiva es el tubalismo católico de Garibai, historiador real del siglo XVI: para él, el euskera no era la lengua de los idólatras, sino la de la civilización cristiana. Más adelante, en el siglo XIX, esa prisión pasaría por una reforma gracias a autores como Wilhelm von Humboldt, que dejaron atrás la cuestión del alma para emprender la senda de la raza: en contraste con la civilización indoeuropea, la nación vasca primitiva era digna de admiración. La prisión se actualizaría una vez más con el abandono de la raza en favor de la etnia. Con argumentos revolucionarios como los de Federiko Krutwig, la idea de la nación étnica sirvió para hacer frente a los Estados civilizados, en apariencia universales, que no necesitaban idiosincrasia propia.

Hoy en día, la lógica carcelaria de la oposición entre civilizados y salvajes está viviendo un cambio de aires. Se nos dice que el mercado es civilizado: un territorio de libertad, supuestamente neutro y libre violencia. La política antimercantil, por el contrario, es un ámbito salvaje, violento y plagado de imposiciones. Ese es el motivo por el que oiremos que no hay que mezclar el euskera con la política. Al contrario: tenemos que aprender cómo vender el euskera, cómo volverlo atractivo. Lo que no se nos dice, por supuesto, es que «vender» el euskera es la práctica politizada y violenta más neoliberal de todas.

En distintos momentos, la religión, el alma, la raza, la etnia y el mercado han servido para ocultar las relaciones sociales y mistificar el euskera como algo salvaje. Cada uno de estos elementos mistificadores ha condicionado el vínculo entre el euskera y la nación, así como condiciona, también, la construcción del vasco salvaje y el civilizado. En total, son cuatro los procesos subalternizadores de barbarización que se han puesto en marcha en Euskal Herria.

Primera barbarización: el idólatra maldito

La modernidad temprana tiene sus orígenes en un siglo XVI en crisis. El mundo estaba pasando por una fase de reestructuración a cargo del primer imperio colonial francés, del español y del portugués, entre otros. Al tiempo que establecían nuevas vías de explotación y mecanismos de extracción, estos imperios llevaban a cabo una reforma del saber que pudiera dar significado a las nuevas relaciones de poder. Esa intersección entre poder y conocimiento estaba dando pie al nacimiento del individuo imperial, homogéneo y cristiano, un nacimiento que inevitablemente vino con la producción y el castigo de la diferencia y la restricción de las libertades.

En lo referente a los marcos de conocimiento, la modernidad cristiana transformó los asideros que habían guiado hasta entonces la comprensión del tiempo en sí mismo. La comparación del cristianismo moderno con la antigüedad pagana de la Roma y Grecia clásicas supuso el planteamiento de la idea de progreso, así como una reconsideración del orden territorial global. Hasta entonces, los continentes europeo, africano y asiático se habían dividido entre los linajes postdiluvianos de los tres hijos de Tubal, personaje del mito bíblico. Por supuesto, esta división religiosa del territorio no había previsto que otro continente entero –completamente nuevo para la mirada eurocéntrica, aunque, por supuesto, antiquísimo– fuera a añadirse a la ecuación. Inevitablemente, la taxonomía religiosa de las naciones sufrió tal sacudida que se vio obligada a revisitar la clasificación planetaria entre naciones «cristianas», «judías», «mahometanas» y «paganas». Fue el saco de los diversos pueblos bárbaros de herejes, gentiles e idólatras denominados paganos, en particular, el que pasó por una profunda reorganización, según la cual las naciones se jerarquizaron entre aquellas con alma y aquellas sin ella, entre las evangelizadoras y las necesitadas de evangelización.

La élite burocrática, militar y eclesiástica vasca llevó a cabo su propia intervención en esa transformación de los marcos del conocimiento. En los estertores protestantes del reino de Navarra, así como en las monarquías católicas española y portuguesa y en el reino francés recién desplazado al catolicismo, esta élite desarrolló negociaciones estratégicas imperialistas en torno al eje salvaje/civilizado. Tres siglos de repetición obsesiva dejan de manifiesto una guerra elitista de posiciones.

En 1545, el sacerdote Bernat Etxepare escribía en el primer libro impreso en euskera «*berze nazione orok uste dute ezin deus ere eskriba daiteiela [euskaraz]*» («las restantes naciones creen que nada puede escribirse [en euskera]»). 26 años más tarde, en 1571, el clérigo Joanes Leizarraga, mencionado más arriba, decía: «*Heuskaldunak berze natione guzien artean ezgar[a] hain basa*»

(«Los vascos no somos tan salvajes entre todas las demás naciones»). Dieciséis años más tarde, en 1587, el jurista y militar Andrés de Poza escribía en Amberes: «no somos tan bárbaros como dicen». 20 años después, en 1607, Baltasar Etxabe, pintor de la élite colonial, escribía desde México: «no consentimos que nos hubiesen tenido por gentiles, como a las demás naciones». 31 años después, el jurista Oihenart escribió en contra de estas palabras de Paulus Merula: «sólo los Vizcaínos conservan hasta hoy su lenguaje grosero y bárbaro». Cinco años más tarde, en 1643, Axular, sacerdote y partidario de la Inquisición, lo explicó de esta manera: «*ez [da] euskara hain labur, eskas eta ez hertsi, nola munduak uste baitu*» («así no fuera el euskara tan corto, pobre ni tan estrecho, como el mundo cree que es»[3]). Y en 1729, 86 años después, el gramático Manuel Larramendi subrayaba: «desacreditaban el vascuence de lengua inculta, bárbara».

Todos ellos argumentaban una y otra vez en contra de la naturaleza bárbara atribuida al euskera, una labor que suponía remover el eje salvaje/civilizado, y cuya reconfiguración vino acompañada de la desaparición paulatina de la apuesta por su uso. Al mismo tiempo, la estrategia a favor de la abstracción mistifi-

3. Traducción de Aita Villasante.

cadora empezó a predominar en el discurso antibarbarista de la élite vasca, y esto conllevó, precisamente, la reforma imperial del conocimiento sobre el euskera. Las élites se negaron a utilizarlo, pues era cierta idea sobre el euskera, y no su uso, lo que servía para proteger sus intereses de clase y participar del lucro imperial. La primera abstracción antibarbarista de la lengua vasca daba sentido a las relaciones sociales imperiales de la élite.

El nuevo argumentario debía construir una renovada categoría social abstracta de vasco con un euskera igualmente abstracto en su base. Quizá fuera Baltasar Etxabe quien mejor resumió desde México esa mecánica mistificadora: «Cada nación pone nombres a las cosas según su naturaleza y la propiedad de su lenguaje». Esto es, la naturaleza religiosa propia de cada nación dependía de la naturaleza religiosa específica de su lengua. La mistificación total.

De este modo convirtieron el euskera en la lengua cristiana original del linaje europeo de Tubal. Según esta teoría, el euskera habría existido en un estado de pureza hasta la llegada de la «idolatría maldita» a tierras vascas, que llevó las enseñanzas cristianas al olvido. Eso fue, al menos, lo que el historiador real Esteban Garibai trató de demostrar en su obra. Según esta lógica, la idea del euskera puro era, contra los discursos de la idolatría salvaje de Euskal Herria, la prueba de un cristianismo moderno y civilizado, el modo en que la administración imperial podía identificar a la élite vasca como «cristianos viejos».

Las estructuras del imperio adquirían así la capacidad performativa de designar un carácter vasco civilizado, al que se adjudicaba una hidalguía universal de ancestros bíblicos gracias a esa especie de antigüedad cristiana moderna. Solo el imperio podía designar la naturaleza intrínseca de la élite vasca como cristianos viejos, civilizados y no idólatras, reconocimiento necesario para obtener acceso al lucro y a privilegios imperiales, como ocupar puestos en la burocracia del imperio, abrirse camino a territorios colonizados, recibir trato preferente en el comercio internacional o convertirse en familiares de la Inquisición. He ahí la producción del conocimiento y reorganización de los discursos que ponían en marcha las relaciones materiales imperiales de poder.

Eso sí, el discurso antibarbarista no se estableció como una verdad incontestable. Algunos, como el intelectual jesuita Juan de Mariana, el magistrado y pensador Michel de Montaigne o el fraile dominico Bartolomé de las Casas, hicieron referencia, desde distintos puntos del imperio, a la naturaleza salvaje del vasco. Los intereses enfrentados en el seno de la élite mantenían con vida el discurso barbarizador del euskera.

En 1601 De Mariana tradujo al castellano su propia obra, *Historia general de España*, en la metrópolis del imperio español. Al igual que el *Compendio* de Garibai, De Mariana trazaba la conexión entre la antigüedad y la modernidad cristianas españolas a través del personaje bíblico de Tubal. Los españoles pertenecían al linaje europeo de Noé, aunque no exactamente por medio del euskera.

En lo que respecta a la lengua, De Mariana argumentaba: «solo los Vizcainos conservan hasta hoy su lenguaje grosero y bárbaro, y que no recibe elegancia». Es decir, le negaba al euskera esa antigua naturaleza bíblica, lo cual a su vez rechazaba una naturaleza cristiana inherente a la nación vasca. Para De Mariana, la categoría de cristiano viejo de la élite vasca no era justificable. Al contrario: esa naturaleza salvaje de la lengua y nación vascas le servía al jesuita para explicar la barbarie de las naciones recién colonizadas: «Las mujeres vizcainas [...] después de haber parido se levantaban para servir a sus maridos [...] costumbre que hasta el día de hoy se conserva en el Brasil», explicaba. No es que las vascas salvajes fueran como las bárbaras brasileñas, sino al revés: eran las brasileñas las que se parecían a la vascas. La diferencia colonial-racial empezaba a construirse sobre la barbarización del euskera.

Para De las Casas, el vasco salvaje tenía un funcionamiento similar. El fraile dominico, que publicó en México su *Apologética historia sumaria* aproximadamente sesenta años antes de la *Historia* de De Mariana, recurrió a los textos clásicos para abordar la idolatría de los bárbaros colonizados: «Los celtíberos, que fueron los aragoneses y navarros que procedieron de los celtas, partes de Francia [...] Los gallegos, como más brutales, ningún dios tenían». De las Casas también codificó la diferencia colonial a través de la comparación con los bárbaros de Europa. Entre ellos, los vascos salvajes.

También Montaigne se sirvió de la barbarización de los vascos para entender las naciones originarias colonizadas en sus *Ensayos*, publicados 41 años después de la *Apologética* de De las Casas. En el capítulo titulado «De los caníbales», el pensador francés comparaba al pueblo Tupinambá, en la llamada Francia antártica –posteriormente conocido como Brasil–, con los vascones de la Roma antigua. Sirviéndose de las referencias que hacían los textos clásicos al canibalismo de estos vascones, Montaigne buscaba entender la naturaleza salvaje del sujeto colonizado: «Podemos, pues, llamarlos bárbaros en presencia de los preceptos que la sana razón dicta[4]».

4. Traducción de Constantino Román y Salamero.

Cabe señalar que los tres pensadores estaban realizando una crítica de la violencia imperial. De las Casas, en líneas similares a los escritos de De Mariana contra la tiranía, argumentó en contra de la conversión forzada de los pueblos colonizados, mientras que Montaigne criticó la violencia de los procesos de colonización. La segunda parte de la frase citada concluía así: «mas no si los comparamos con nosotros, que los sobrepasamos en todo género de barbarie».

Pese a todo, la crítica y el escepticismo de estos pensadores no hacen otra cosa que ocultar las trampas de la modernidad, y, en última instancia, naturalizar la violencia. Para ellos, la barbarie del imperio no era más que una *práctica* bárbara por parte de la sociedad civilizada, algo sujeto a reformas. El vasco, por el contrario, era salvaje *por naturaleza*, y los pueblos colonizados, *intrínsecamente* bárbaros. Lo que hacían estos pensadores era reflexionar sobre las prácticas más civilizadas ante lo innatamente salvaje. La práctica civilizadora del imperio, por supuesto, permanecía sin cuestionar.

Debates aparte, la estrategia de clase de la élite vasca tuvo éxito. Articulada en contra del «idólatra maldito» vasco y salvaje, su producción discursiva antibarbarista funcionó a la perfección para sus intereses: obtener acceso privilegiado a las redes imperiales de intercambio.

El bienestar civilizado de una minoría se erigía sobre un «hacer morir» expansivo. Para ello, se estableció la mortífera organización racial-colonial de los sistemas de plantaciones y minas, y se desarrollaron las deshumanizadoras redes atlánticas de distribución a larga distancia tanto de mercancías como de personas a las que esclavizaron como tales. Estas redes establecieron nuevas formas de subordinación legitimada a través del sistema de préstamos y endeudamientos. La privatización de la tierra condujo a la acumulación aliada de propiedades por parte de las viejas élites feudales y la nueva burguesía, así como al proceso capitalista de expropiación y empobrecimiento de los campesinos. El sistema del sexo único impuso la patologización intrínseca de la mujer, mientras que la hegemonía sexual estableció la persecución de la sodomía. Al mismo tiempo, la diferencia religioso-racial exigió la expulsión de las comunidades judía y musulmana con la conversión obligatoria como única alternativa. Las cazas de brujas y torturas públicas quisieron poner fin a la desobediencia, produciendo al mismo tiempo una verdad obediente a través de confesiones obtenidas con sangre.

Andrés de Poza y Baltasar Etxabe no fueron sino dos de los muchos que se lucraron a través de estas violencias. Desde los dos extremos del imperio atlántico, Flandes y México, uno y otro escribieron sendos libros para argumentar que el euskera no era tan salvaje. Poza publicó *De la Antigua lengua* en 1587. El libro de Etxabe, *Discursos de la antigüedad*, vio la luz en 1607. Ambos rechazaban la naturaleza salvaje de la nación vasca. Ambos recibían los privilegios imperiales que concedía rechazar ese barbarismo. Ambos perpetuaban las violencias necesarias para obtener esos privilegios.

La obra de Poza era parte de un argumentario más amplio con el que el jurista no aspiraba a otra cosa que obtener una de las licencias de la época conocidas como «asientos de Indias». Estos asientos, contratos comerciales en régimen de monopolio exclusivamente concedidos por la Corona, concedían permiso para, entre otras actividades, el transporte de personas esclavizadas. De obtener ese asiento, Poza pasaría a formar parte de la comunidad esclavista de la élite vasca. Fue esta, de hecho, quien, tras afincarse primero en Sevilla y más tarde en Cádiz, a menudo dirigió el comercio de comunidades esclavizadas a partir del siglo XVI. La tesis doctoral del historiador Javier Ortiz Arza, publicada en 2019, es uno de los trabajos que han investigado de forma esclarecedora la red de traficantes vascos de esclavos. Poza no obtuvo el asiento finalmente.

En cualquier caso, *De la Antigua lengua* era solo parte de toda una colección de documentos con los que el jurista pretendía obtener aquel contrato. Algunos de esos otros documentos daban fe de los servicios realizados por Poza para la administración imperial, del capital que su padre había prestado a la Corona española y de la posición de su tío como gobernador, así como de su posterior muerte, junto con sus hermanos, en la guerra. Todo ello obedecía a la necesidad de Poza de mostrar tanto su lealtad hacia el imperio como su pureza cristiana y antigüedad civilizada.

Para la administración imperial, Poza era un perro guardián de la Corona. Como se trasluce de los documentos, el jurista estuvo en los Países Bajos librando guerra contra el protestantismo, donde ganó fama por su tesón inquebrantable contra rebeldes, amotinados, malhechores, alborotadores, herejes e idólatras. Su castigo para todos ellos, contra los que actuaba como juez y examinador, era la expropiación y el destierro. Poza era, en la metrópolis, la encarnación vasca civilizada y moderna de la violencia del imperio.

Etxabe, que sí llegó a cruzar al otro lado del Atlántico, publicó sus *Discursos de la antigüedad* en México. El escritor no pudo evitar una obstinación clasista cuando escribió «basta sacar ejecutoria en Granada» para demostrar la hidalguía universal y condición de cristianos viejos de sus ancestros. Huelga decir que este tipo de procesos no estaban al alcance de cualquiera. Etxabe, cómo no, provenía de una familia de terratenientes.

En México, Etxabe pasó a formar parte de los llamados «gachupines». Según *El imperio de la virtud*, obra del investigador Jorge Luis Terukina Yamauchi, publicada en 2016, el pintor vasco se unió a la élite migrada de la metrópolis a la capital colonial, concretamente, al círculo social de Bernardo de Balbuena. Para los gachupines, la comunidad indígena era esclava por naturaleza.

En México, la esclavitud de los pueblos originarios estaba ampliamente extendida. Como demostró el historiador Andrés Reséndez en su trabajo de 2017 *La otra esclavitud*, en el siglo XVI, la práctica de la esclavización de los pueblos indígenas, si bien fuera de la ley, era una práctica generalizada. La comunidad de gachupines de Etxabe se hallaba en el centro de esta práctica deshumanizadora, a favor de la cual argumentaban que los venidos de Europa eran los únicos capaces de gobernar las colonias. Etxabe era, en las colonias, la encarnación vasca civilizada y moderna de la violencia del imperio.

La opresión racial-colonial del imperio no era más que uno de entre los muchos reversos oscuros del vasco civilizado. Como hemos visto antes, el vasco civilizado se construyó en contraposición al vasco salvaje, idólatra y maldito.

Bajo el paraguas de la categoría social del vasco salvaje se agrupaban, entre otras, las mujeres desobedientes y los cuerpos deseantes disidentes de habla vasca.

La pureza de la nacionalidad cristiana que otorgaba cierta idea del euskera exigía purificar la propia lengua de palabras supuestamente impuras. Al ser el origen del carácter puro de la nación vasca, la lengua se convirtió en el campo de batalla creador de civilizados y salvajes. Poza, por ejemplo, argumentó que la palabra «*lamia*» era de origen latino. El euskera original, cristiano y puro no podía albergar palabras que designasen la herejía: «Lamia, dicen los Montañeses por la bruja». Ni que decir tiene que «bruja» tampoco era euskera. «Bruja, brujo, del vocablo bruër [...] a título de unas cofradías hacían sus hechicerías»: el término provenía de la lengua de los godos.

El lexicógrafo Sebastián de Covarrubias dio continuidad a la labor de Poza en 1611 con su diccionario *Tesoro de la lengua*. En la entrada de la palabra «*bruxo*», hizo referencia a *De la antigua lengua*, reiteró la teoría tubalista y a las etimologías idólatras de «brujo» y «lamia» añadió la de «*Iorgin*». La palabra «*sorgin*» («brujo», «hechicero») tenía que provenir del latín: «Iorginas, del jorgin, o hollín, que se les pega saliendo [...] por los cañones de las chimeneas [...] teñirse con el hollín de la chimenea. Del nombre

Latino fligo se dijo hollín, y corruptamente horgina, y jorgin». Todas ellas eran palabras extranjeras que el euskera debía haber tomado prestadas de naciones clasificadas como idólatras. La distinción de los términos idólatras corroboraba la supuesta pureza cristiana de la lengua y nación vascas.

Por supuesto, la lengua no era lo único que había que limpiar de mezcolanzas idólatras. También el vascoparlante de la Euskal Herria subalterna necesitaba purificación. Covarrubias, en referencia directa al *Malleus Maleficarum*, identificó ciertas comunidades concretas como posibles brujas. Por un lado, estaban las mujeres, seres vengativos: «en este vicio y maldad son más ordinarias las mujeres, por ligereza y fragilidad, por lujuria y por el espíritu vengativo que en ellas suele reinar». Por otro, estaban los cuerpos disidentes que deseaban sin temor: «cierto género de gente perdida y endiablada, que perdido el temor a Dios, ofrecen sus cuerpos y sus almas al demonio a trueco de libertad viciosa, y libidinosa».

La persecución inquisitorial y civil; las matanzas, mutilaciones y quemas públicas, así como las multas y expropiaciones fruto de esta barbarización exigían la existencia de una confesión. La última en describir la violencia de la caza de brujas ha sido Charo Roquero Ussía en su *Historia de las mujeres en Euskal Herria* II, publicada en

2019. Amaia Nausia Pimoulier, por su parte, en su investigación de 2022 titulada *Ni casadas ni sepultadas*, pone de manifiesto que las viudas eran acusadas de «putas», «alcahuetas» y «brujas». Estas acusaciones, que respondían a una sociedad patriarcal renovada que empezaba a echar raíces, eran prácticas contra la construcción de redes resistentes de apoyo mutuo entre mujeres. Así como el ideal de la feminidad se empezaba a erigir sobre los pilares de la castidad y la maternidad, el ideal del euskera empezó a hacer lo propio sobre la idea de la pureza.

Había que desenredar a la nación cristiana, hablante de un euskera puro, de la nación salvaje e idólatra del euskera corrupto. El capitalismo patriarcal imperial y colonial era la nación cristiana del euskera puro que decidió no hablarlo. Los castigados, los que no poseían tierras, las mujeres y los deseos no normativos formaban la nación salvaje del euskera corrupto que sí lo hablaba. Esa fue la primera barbarización.

Ya en el siglo XVI, las confesiones eran verdades producidas mediante la violencia y la tortura. Verdades transmitidas muchas veces en euskera y, posteriormente, transcritas y transfiguradas a castellano. Verdades que se articulaban a través del imaginario de lo salvaje. Ese era el imaginario necesario para la barbarización. Ese era el vasco bárbaro necesario para los vascos civilizados. Y esa era, precisamente, la distinción entre el civilizado y el salvaje necesaria para la modernidad. Así fue como el vasco salvaje y torturable se abrió paso hasta la modernidad.

Segunda barbarización: el europeo primitivo

Las crisis no terminaron con la modernidad industrial del siglo XIX. El declive gradual del imperio español, junto con el ascenso del imperio napoleónico y la expansión y descenso del segundo imperio francés colonial, supusieron una nueva reestructuración del mundo en la que se consolidaron y perfeccionaron las vías de explotación y los mecanismos de extracción y se desarrollaron las racionalidades capitalistas, heteropatriarcales y racistas. Fue concretamente a través del conocimiento científico como se secularizó una construcción del mundo que obedecía al fundamentalismo cristiano de la modernidad temprana.

La nueva intersección de poder y conocimiento trajo el nacimiento del individuo estatal-imperial hetero-burgués, blanco y civilizado, el cual a su vez vino acompañado de una renovada producción de las diferencias y, una vez más, del castigo de dichas diferencias y la restricción de las libertades.

En lo que respecta a los marcos de conocimiento, la modernidad industrial post-Ilustración siguió transformando las formas de entender el tiempo. Las ideas del progreso económico del liberalismo, las primeras teorías de la evolución y, más tarde, el darwinismo social provocaron el replanteamiento de la división entre «modernos» y «primitivos». También se replanteó el orden territorial global. Las misiones civilizadoras de los imperios y las compañías comerciales globales reemplazaron la labor evangelizadora por el desarrollo social y la racionalidad económica. Por otro lado, también se vieron los primeros procesos de descolonización llevados a cabo por distintos movimientos de liberación –tales como los de los esclavizados haitianos y las élites criollas– guiados por los principios de libertad, igualdad y fraternidad, lo cual inevitablemente supuso un golpe para la taxonomía secularizada de las naciones. La respuesta fue un perfeccionamiento de los intentos de centralización llevados a cabo por el absolutismo monárquico: el Estado moderno acometió la producción de la unidad civil bajo una sola nación.

La vieja clasificación planetaria religiosa de las naciones no se libró del tamiz de la ciencia: la filología comparada dividió las lenguas entre indoeuropeas (anteriormente llamadas arias), semíticas o turanias (también llamadas orientales), y las que no entraban en esas categorías iban a parar al saco de las lenguas salvajes premodernas. Esto fue precisamente lo que dio pie al uso de conceptos resbaladizos –y a menudo intercambiables– como «raza», «alma de la nación» o «voluntad de la nación». De las metáforas idealistas se llegó a un discurso positivista que permitió jerarquizar las naciones según esta nueva reorganización científica del mundo. En este nuevo orden, resultaba inevitable que algunas naciones desaparecieran y otras siguieran con vida. Algunas tenían historia; otras, no. Se distinguió entre las que contaban con sistema de escritura y las que no; entre las supuestamente cívicas y las supuestamente étnicas. Algunas eran civilizadas; las otras, estaban por civilizar.

La élite vasca intelectual, oligarca, burguesa y eclesiástica siguió utilizando la transformación de los marcos de conocimiento para sus propios intereses. Con la secularización vino el abandono de los discursos bíblicos antibarbaristas opresores del siglo XVI. En el discurso científico del siglo XIX, las élites abrazaron el imaginario salvaje primitivo del euskera, si bien desde un posicionamiento político diferente. Con unos discursos antagónicos a medida de los intereses contrapuestos de las élites, se inició por segunda vez en la modernidad la barbarización de los vascos y de Euskal Herria. La repetición obsesiva no se detuvo.

Bizenta Mogel, escritora de buena familia, argumentó en 1804 que podía verse «la belleza del euskera» («*euscararen edertasuna*») «en los nombres de las bestias, el ganado y las aves» («*abere ganadu ta egaztien icenetan*»), y que ofrecía las etimologías del mundo aborigen del baserri «para que se callen los que miran el euskera con malos ojos» («*issildu ditecen Euscarari gaizqui beguiratzen dioenac*»). En 1836, Anton Abadia, de familia noble, aclaraba que la lengua no era bárbara, pero sí primitiva: «la expresión de esta lengua primitiva [...] permite a los eusquéricos una combinación incalculable de ideas que los Bárbaros difícilmente pueden imaginar». Fue en 1909 cuando Maria Abadia, pariente suya, argumentaba que la ya citada «transformación modernista» conduciría a la pérdida inevitable del euskera primitivo. Así lo aseguraba: «el antiguo idioma eusquérico ha perdido su pureza primitiva». Con el cambio de siglo, trazado ya el camino del alma a la raza, Sabino Arana dio el siguiente orden jerárquico a las características que construían la nación: «1., raza; 2., lengua; 3., gobierno y leyes; 4., carácter y costumbres; 5., personalidad jurídica». Contemporáneos de esta jerarquización fueron los célebres discursos y artículos de Miguel de Unamuno. Son famosas sus palabras de 1901: «en el caso del vascuence estoy profundamente convencido de que se pierde [...] por su índole misma, por ser inapto para la cultura moderna».

Aquel persistente estribillo sobre el vasco primitivo constituía el imaginario salvaje de la segunda barbarización. Las ideas de esta barbarización se impusieron, al menos, desde la Revolución francesa hasta la Francia napoleónica y la tercera república, desde el periodo carlista hasta la dictadura de Primo de Rivera, a lo largo de toda la Primera Guerra Mundial y la subsiguiente guerra civil española y desde el estallido de la Segunda Guerra Mundial hasta el franquismo. Con la gramática preindoeuropea como excusa, las propuestas del estilo de «no bárbaro, sino primitivo» o «primitivo, luego bárbaro» condenaron al vasco a un presente anclado en el pasado.

Las lecturas en contra del uso de la lengua y a favor de su desaparición hablaban de la incapacidad de lo primitivo para civilizarse. Por otro lado, la primeras apuestas literarias en favor del uso, partidarias de la pureza del euskera, tenían por objetivo mantener precisamente ese estado primitivo. En la reorganización del eje formado por el salvaje a un extremo y el civilizado al otro, no había forma de escapar de la subordinación diglósica. Las abstracciones en torno al euskera no hacían sino revelar las limitaciones de una jaula discursiva.

La categoría de nación, social, abstracta y reformada, construida a hombros del euskera, hablaba del alma del pueblo, de su raza. Tal vez fuera Sabino Arana quien mejor resumió la mecánica mistificadora de la época: «[el] desarrollo de la lengua [...] parece coincidir en muchos casos con el desarrollo físico de la raza». Es decir, la naturaleza racial-espiritual-antropológica propia de una nación dependía de la naturaleza especial de la prehistoria de su lengua. La mistificación total.

Así pues, el euskera fue transformado en la lengua primitiva y sin civilizar de los aborígenes europeos. Detrás de las naciones civilizadas de la modernidad se hallaban las migraciones lingüísticas arias o europeas. Era en nuestras tierras donde había que buscar el euskera preindoeuropeo, salvaje y puro. Eso trató de demostrar, al menos, Agosti Xaho en 1847. Ahondando en el imaginario en torno a la nación salvaje de Euskal Herria, presentaba el euskera puro, «*l'idiome primitif*», como prueba de una «religión espiritualista de los eusquéricos».

El discurso barbarizador no surgió de la nada. Los pensadores de Euskal Herria se unieron a la producción de la verdad creada por el nuevo discurso científico imperial. Es más, estos mismos pensadores a menudo hicieron las veces de informantes nativos para producir la verdad necesaria para la continuación del discurso científico.

Para Wilhelm von Humboldt, el lingüista y aristócrata pruso más renombrado de la época, la investigación comparativa de las lenguas obedecía a un solo interés principal: dilucidar la capacidad de una lengua para dar forma a la fuerza del espíritu de la nación. La dominación imperial civilizadora de Roma, por ejemplo, estaba ligada al espíritu romano patente en el latín. Humboldt defendió esta explicación en un trabajo de investigación lingüística de 1836. El sánscrito, el griego y el latín fueron gradualmente alcanzando la civilización; el euskera, por el contrario, no. Y el sino de tales naciones salvajes era la desaparición (a menos que se civilizaran).

Los nuevos Estados civilizados debían proteger las lenguas de la civilización ante las salvajes variantes lingüísticas de las naciones abocadas a desaparecer. En 2018, Egoitz Urrutikoetxea analizó las políticas lingüísticas de la Revolución francesa. En su trabajo de investigación titulado *La politique linguistique de la Révolution Française et la langue basque*, examinó los informes «Rapport du Comité de salut public sur les idiomes» y «Rapport sur la nécessité et les moyens d'anéantir les patois et d'universaliser la langue française», entre otros. En ellos, no solo se abogaba por la universalización del francés; muy en línea con las teorías de Humboldt, también se defendía la desaparición de las lenguas que no fueran civilizadas. La política lingüística de la época reforzaba la matriz divisora entre bárbaro y civilizado.

En el informe de 1794 titulado «Rapport du Comité de salut public sur les idiomes» se podía leer que el euskera era un legado transmitido por los ancestros, pero que los curas de Euskal Herria «se sirven de su idioma para fanatizarlos; pero ignoran la lengua francesa y la lengua de las leyes de la República». El francés de los civilizados se presentaba como antagonista del euskera de los fanáticos. La diversidad lingüística se vinculaba así con el despotismo, es decir, con la capacidad de dividir y controlar al pueblo. Esa naturaleza salvaje justificaba establecer no solo la Revolución sino también el francés como lenguaje de la civilización.

Al otro lado del Bidasoa, José Ortega y Gasset publicó a comienzos de la segunda década del siglo XXI *La España invertebrada*. En el libro se citan tres elementos por los cuales España es europea o, lo que es lo mismo, equiparable a Francia, Inglaterra e Italia: «la raza relativamente autóctona, el sedimento civilizatorio romano y la inmigración germánica». El pasado romano de la raza blanca le otorgaba su carácter civilizado, y su diferenciación nacional respondía a un pasado germánico distinto de los demás. Su estructura como estado se debía al pasado romano civilizado, y el «catalanismo y bizcaitarrismo» no eran más que un síntoma de la degeneración del Estado. El libro daba muestra de la última materialización del estribillo civilizador y barbarizador de las mistificaciones basadas en la lengua.

Posicionamientos y discursos aparte, las estrategias de clase de la élite vasca tuvieron éxito. Articuladas sobre el vasco aborigen primitivo, ya fuera a favor o en contra, las producciones discursivas barbarizadoras de las élites vascas, que por muy contrapuestas que estuvieran siempre respondían a sus intereses, funcionaron tal y como se pretendía. La élite vasca se hizo con una posición privilegiada en la red imperial de relaciones que se sustentaba en la opresión de muchos para el bienestar de unos pocos.

El bienestar civilizado de los estados burgueses se construyó sobre la producción masiva de la vida y de la muerte. Se desarrollaron las mortíferas organizaciones raciales-coloniales de los sistemas de plantaciones, así como las deshumanizadoras redes atlánticas de distribución a larga distancia de personas a las que esclavizaron como mercancías. La Europa blanca se construyó gracias al imaginario de la opresión racial. Empezaron a extenderse formas de subordinación de la sociedad civil a través de la deuda. La explotación de la clase trabajadora, cuya única mercancía era su fuerza de trabajo, llevó a la acumulación del capital de las élites oligarca, burguesa y pequeñoburguesa. Las estructuras del Estado que empezaban a regular y producir las vidas de la población impulsaron la domestificación de las mujeres, convertidas en amas de casa con la puesta en marcha del imaginario heterorreproductivo (fusionado con el imaginario nacional) de la maternidad esencial. Al mismo tiempo, estos nuevos mecanismos para la producción de la vida darían pie al castigo del deseo no reproductivo y a la creación de la categoría patologizada del «homosexual». Esta nueva división de lo público y lo privado vio la expansión de la disciplina pública y tortura privada de los cuerpos en cárceles, viviendas y hospitales.

Estas relaciones sociales y materiales en la construcción de la Europa blanca fueron imprescindibles para la acumulación de capital de la oligarquía vasca. Así fue como se construyó la red de minas, altos hornos e instituciones financieras de los Ybarra de Neguri. Como muchos otros oligarcas vascos, esta familia vizcaína invirtió con afán en el tráfico de esclavos que formaba parte de las empresas azucareras de la Cuba aún española, y llegó a transportar a la isla, en la tercera década del siglo XIX, comunidades enteras desde Sierra Leona, incluso pese a ser ilegal. Detrás de la acumulación de capital y la opresión de clase de la oligarquía vasca, agente de la modernización de España, se encontraba el sistema deshumanizador de las plantaciones.

Por otro lado, en la encrucijada de la opresión lingüística y de clase, el obrero de habla vasca estaba erigiéndose como salvaje por partida doble. La apología vasca barbarizadora de Sabino Arana se entrecruzó con la barbarización de la clase trabajadora. Como dejó patente Nerea Aresti en 2017, la masculinidad modélica de «gentleman» del obrero vasco debía hacer frente al bárbaro estereotipado de la clase obrera del socialismo y los maquetos, es decir, los obreros puteros, borrachos, aficionados a los toros y al juego. También había que disciplinar al hombre trabajador de habla vasca, en línea con una masculinidad abertzale, civilizada y católica. En eso invirtió sus esfuerzos el sindicato Solidaridad de Obreros Vascos - Euzko Langileen Alkartasuna desde su creación en 1911. Era preciso preservar la barbarización racial-primitiva del vasco y corregir la barbarización de clase socialista del trabajador.

Unos años más tarde se creó Emakume Abertzale Batza (EAB), también a la sombra del Partido Nacionalista Vasco. El proceso de domestificación de las mujeres en amas de casa y la esencialización de la maternidad se sumaron a la barbarización del vasco. Iratxe Retolaza, en su trabajo de investigación de 2012 titulado «Emakume Abertzale Batza eta emakume idazleak» («Emakume Abertzale Batza y las escritoras»), expone que el patriotismo abertzale y la fe católica fueron claves para definir la categoría «mujer» en EAB. En aquellas circunstancias, lo único que podían hacer las mujeres era ser madres y cumplir con las exigencias heterorreproductivas de la nación. Con este discurso, EAB convergía con la nueva división sexual del trabajo que se daría a partir del siglo XIX, que confinaba a la mujer en casa y situaba su trabajo no remunerado en el centro de la producción de la vida. Así, a mediados del siglo XXI, tras un fuerte proceso de domestificación de la mujer, diversos historiadores, entre ellos Julio Caro Baroja, afirmaban sin ápice de ironía que el término *«etxekoandre»* («ama de casa», pero también «dueña» o «matrona») era prueba del pasado matriarcal de la Euskal Herria primitiva.

Fue en tiempos de este proceso de conversión de las mujeres en ama de casa y de barbarización de los vascos cuando escribieron Bizenta Mogel y Maria Abadia. Como explicó Saioa Iraola en su intervención de 2019 titulada «Euskara eta emakumea» («Euskera y mujer»), Mogel era perfectamente consciente de lo que suponía para una mujer ocupar el espacio público: *«ez dagoquio nescacha bati bururic ausitzea liburuguiñen: asco duela [...] jostorratza zucen erabiltzea [...] cein gauza sinisgaitza nescacha bategan!*» («no es propio de una jovencita romperse la cabeza escribiendo libros: bastante tiene [...] con usar la aguja a derechas [...] ¡qué cosa increíble en una muchacha!»). Mogel decidió desobedecer al mandato de convertirse en ama de casa. Aun así, proponía que «*ipui oec izango dirala guciz onac aztuerazotzeco necazarien echeetatic ipui oquer, ta zatarrac*» («estos cuentos bien servirán para que nos olvidemos de los cuentos tan feos y torcidos que se cuentan en las casas de los campesinos»). Mogel esgrimía el euskera con la fuerza disciplinaria de las lenguas. Había que publicar cuentos buenos para los campesinos. Había que civilizar lo feo y lo torcido.

Maria Abadia, por su parte, ubicaba su libro en unas coordenadas claramente feministas, aunque trató de relacionar la naturaleza primitiva del vasco con una especie de ley feminista de la antigüedad. «Antes de la Revolución, [...] los Fueros y las Costumbres generales se distinguían, por el contrario, por un feminismo bien definido, hablando en el lenguaje de nuestro siglo». Como ocurriría con el matriarcado de Baroja, Abadia ubicaba a la mujer madre y ama de casa en el centro, «por encima de los argumentos que cualquier código humano pueda ofrecernos a favor de la autoridad materna». Una vez más, el discurso transformador caía en la trampa del vasco salvaje y no civilizado.

Las búsquedas del euskera puro y los intentos por implementarlo respondían a esa misma barbarización. Partiendo de la búsqueda artificial de dialectos puros de Bonaparte, hasta las invenciones de Sabino Arana u Orixe en pos de un euskera intacto, la naturaleza prehistórica de la lengua otorgaba a la nación una esencia racial, espiritual y antropológica propia, motivo por el cual también el euskera debía limpiarse de palabras supuestamente impuras. Si los discursos a favor del castellano y el francés pedían la desaparición del euskera, los que clamaban a favor del euskera pedían la disciplina del vascoparlante. La lengua se convertía, una vez más, en el campo de batalla creador de civilizados y salvajes.

Por supuesto, la lengua no era lo único que debía purificarse de la mezcolanza lingüística. Los vascoparlantes de la Euskal Herria subalterna debían ser disciplinados en un euskera puro. La nación preindoeuropea cristiana, hablante de un euskera limpio, debía purgarse de toda mezcla con la nación salvaje e indisciplinada de los maquetos, hablantes de jergas y formas corruptas de euskera. Disciplinar la lengua conllevaba disciplinar a los cuerpos en calidad de trabajadores modélicos y abnegadas madres y amas de casa.

La nacionalidad universal de las lenguas estatales era el capitalismo civilizador imperial colonial. Por el contrario, la nación cristiana del euskera puro era el capitalismo patriarcal, burgués y racial. Los castigados, los trabajadores indisciplinados, las mujeres no domestificadas y los deseos no reproductivos formaban la nación salvaje del euskera impuro. Esa fue la segunda barbarización.

Esta barbarización dio pie, a partir del siglo XIX, a una verdad producida mediante la violencia disciplinaria. Era una verdad construida a través de la tortura judicial y extrajudicial de los obreros en las cárceles, de la violencia contra las mujeres en las casas, de la patologización impuesta en los hospitales psiquiátricos. Esa verdad era el imaginario salvaje necesario para la barbarización. Ese era el vasco bárbaro necesario para el vasco civilizado. Esa era la diferenciación entre el vasco civilizado y el salvaje necesaria para la modernidad.

Tercera barbarización: la etnia colonizada

En los albores ordoliberales de la modernidad neoliberal, a partir de la segunda mitad del siglo XX, las crisis pasaron por un proceso de reconfiguración. El fin de la Segunda Guerra Mundial vino, una vez más, con la reestructuración del mundo. Los choques entre Estados Unidos y la

Unión Soviética en pos de la dominación imperial condicionaron distintas perspectivas sobre el mundo. Fieles a estas lógicas, se trazaron los primeros borradores de lo que sería la Unión Europea bajo el nombre del imperio latino. La insurrección recorría en oleadas la geografía planetaria, extendiendo prácticas y conocimientos emancipadores. Desde el 68 mexicano hasta el francés, desde la descolonización de India hasta los procesos de liberación de las colonias africanas, desde la Cuba de Fidel hasta la China de Mao, desde el nacionalismo negro revolucionario de los Panteras Negras hasta el movimiento de liberación nacional argelino, el mensaje era el mismo: imaginar y construir otro mundo era posible.

En esta intersección de poder y conocimiento, el individuo estatal-imperial, homogéneo, hetero-burgués, blanco y civilizador pasó por un proceso de actualización. Un individuo, no obstante, que se puso en duda desde una amplia variedad de posicionamientos, que se articulaban en contra del castigo de la diferencia y se construían sobre su poder emancipador.

En lo que respecta a los marcos de conocimiento, estos pensamientos y prácticas insurgentes pusieron en duda, además, el modo mismo en que el tiempo se había impuesto territorialmente en la modernidad. La doctrina del supuesto progreso económico había establecido una división temporal entre el norte y el sur global. Algunos pueblos fueron condenados a vivir en el pasado, mientras que solo algunos pocos habitaban el presente. Al mismo tiempo, también se repensó el orden territorial global. Una vez puesta en duda la misión civilizadora, muchas naciones tampoco consideraban necesario el objetivo de alcanzar un presente capitalista. De pronto era posible desarrollar proyectos de nación para superar la subalternidad, así como pensar en alianzas internacionales. Las actualizaciones populares del socialismo, el antiimperialismo y el feminismo destaparon las trampas del «libertad, igualdad, fraternidad» y pusieron en marcha procesos renovados de descolonización y liberación. Inevitablemente, esto supuso un varapalo para la taxonomía burguesa de los Estados y las naciones. Ya no funcionaba del todo contraponer una nacionalidad particular esencialista a un carácter intrínsecamente universal, democrático y capitalista del Estado. Las diferentes definiciones de la nación revolucionaria daban respuesta a esta clasificación. La emancipación universal, la solidaridad anticapitalista global, el pensamiento sobre la interacción de las opresiones y los proyectos territorializados situados para la respuesta colectiva fueron las lecturas revolucionarias de la nación.

En la era de los imperios de la Guerra Fría, con la Cuarta República francesa en plena crisis y con los exilios y la represión rampantes de la dictadura franquista española, aquellos que trataron de imaginar una Euskal Herria insurgente revolucionaria hicieron uso propio de las transformaciones de los marcos de conocimiento. Estas transformaciones supusieron la necesidad de luchar contra el discurso científico etnicista del siglo XIX o, lo que es lo mismo, ofrecer una alternativa emancipadora al imaginario salvaje del euskera, al tiempo que se oponían a la violencia capitalista de la civilización. Quienes querían imaginar una nación revolucionaria debían luchar contra la repetición obsesiva del pasado.

Federiko Krutwig, en su libro *Vasconia* (1962), dio un lugar central al vínculo entre etnia y euskera: «Con y por medio de[l euskera] se transmitía el sentido libertario de nuestro pueblo». Vínculo que ETA ratificó en su texto de 1965 titulado «Carta a los intelectuales»: «El euskera, idioma nacional del pueblo vasco, [...] [es] nuestra principal característica étnica». Un año más tarde, en la V Asamblea de ETA, seguirían por los mismos derroteros: «La etnia vasca consiste en una colectividad humana [...] basamento de todo este sistema cultural es [...] el euskera, útil de trabajo infraestructural». En 1970, en el prólogo a la traducción al euskera de *Por la Revolución africana* de Frantz Fanon, a cargo de Arantza Urretabizkaia, las luchas racial y étnica se pensaban de forma estratégica como atravesadas por la colonización: «Fanon está ligado para siempre a la lucha por la liberación de todos los colonizados, ya sean africanos, asiáticos, americanos o europeos». En 1972, en la revista *Zutik*, se exponía «la euskerización como uno de los objetivos de la revolución contra la oligarquía, pues tiene una fuerza popular y revolucionaria». Amaia Lasa, en su poemario de 1977 titulado *Hitz nahastuak* (Palabras confusas) escribió sobre el vínculo entre el euskera y la creación de una Euskal Herria nueva: «Mis ocho apellidos no son vascos / Mi euskera no es puro / Mis palabras no son limpias / Mis creencias no son las suyas / A pesar de todo / Estamos creando Euskal Herria[5]». En 1979, José Miguel Beñaran Ordeñana imaginó, en su introducción al libro *Los vascos, de la nación al estado*, una nación revolucionaria a partir de la intersección de luchas: «El objetivo de los trabajadores vascos [...] [es] transformar nuestras relaciones sociales de producción [...]; y nuestras relaciones con los medios de producción apropiándolos [...]; poder pensar y relacionarnos en nuestra lengua y crear nuestra propia cultura».

En un periodo de dos décadas, los «locos jóvenes[6]» de entonces pensaron una nueva

5. Traducción de Ibai Atutxa.

6. El término hace referencia al ensayo *Oraingo gazte eroak* (Los locos jóvenes de ahora) de Joxe Azurmendi (1998).

nación vasca revolucionaria, un nuevo sujeto vasco de la nación. Para ello, trataron de intervenir la modernidad desde abajo. Por un lado, tenían que desmistificar el discurso que envolvía el euskera en un halo de excepcionalismo primitivo, sacando a la superficie las relaciones sociales materiales opresoras que condicionaban la construcción de la abstracción imperial. Por otro lado, debían apoderarse del marxismo que se hallaba en la base de las prácticas y los pensamientos transformadores. En definitiva, debían poner en duda las lecturas más mecanicistas del marxismo y defender que la lengua y la lucha nacional no eran meras superestructuras en el camino hacia la transformación emancipadora de la sociedad.

Formulaciones como Pueblo Trabajador Vasco pusieron la etnia y la clase lado a lado en el centro a la hora de comprender la lucha nacional revolucionaria. Y la etnia estaba estrechamente ligada a la lengua. En 1972, Txillardegi definía la etnia de este modo: «1. La identidad de un pueblo consiste en la cultura; 2. La identidad del pueblo [...] se fundamenta especialmente en la lengua [...] 4. La infraestructura nacional del pueblo es la lengua [...] 7. El problema del pueblo [...] se convierte en una lucha al nivel lingüístico». Es decir, que la naturaleza étnica propia de la nación dependería del carácter de su lengua, que cualquiera podía aprender y de la que cualquiera podía participar. Ese fue el primer intento de desmistificación.

Sin embargo, estas tentativas insurgentes tenían sus límites. Concretamente, los impuestos por el estructuralismo, puesto que ese era el marco teórico con el que en aquel momento se pensaba en el lenguaje desde otra perspectiva. Según el estructuralismo, la lengua estaría construida a partir de ciertos significados asignados a los signos de forma arbitraria por la comunidad hablante. Sin embargo, una mirada que diferenciase entre un significado profundo y estable y una forma superficial estaba abocada a caer en la lógica de la propiedad. El hablante de euskera se convertía en poseedor de la verdad étnica, profunda del euskera. De este modo, la lengua adquiría en un sentido metafórico el carácter de propiedad y, como tal, se convertía en fetiche. Es decir, solo alguien poseedor del habla vasca podía ser vasco, y esta, a cambio, concedía al vasco su etnia. Insurrecciones aparte, el estructuralismo se alejaba de una interpretación de la lengua como territorio de relaciones sociales materiales conflictivas.

En cualquier caso, esa vinculación entre euskera y etnia servía para cuestionar los procesos de barbarización que habían existido hasta entonces, poner en duda el esencialismo de la raza y abandonar la dependencia de míticas explicaciones religiosas. Asimismo, era imprescindible que aquel vínculo sirviera para hacer sitio a las comunidades subalternas de distintos orígenes en el proyecto nacional revolucionario. La conexión entre euskera y etnia respondía a la potencialidad insurgente de imaginar un Pueblo Trabajador Vasco.

El euskera fue representado entonces como la lengua determinante de la sociedad vasca, como base material práctica del eje nacional. Es decir, que el euskera producía a la sociedad vasca como etnia. Joxe Azurmendi explicaba en su libro *Hizkuntza, etnia eta marxismoa* (Lengua, etnia y marxismo), publicado en 1971, que «al euskera, a la lengua original de la etnia, se le debe prioridad ante todas las demás». Siendo «uno de los determinantes más profundos del País Vasco», el euskera no podía tratarse de una mera superestructura. Por eso, «si queremos crear una sociedad liberada, la propia revolución y su planteamiento deben recoger todas las necesidades fundamentales (es decir, básicas), tanto económicas como lingüísticas, que tenemos debido a la opresión». Así fue como tomaron forma los primeros intentos de pensar la opresión en la intersección de distintos ejes.

La mirada revolucionaria nacional de los años 60 y 70 influyó en la matriz de opresión construida sobre la oposición de los extremos civilizado y bárbaro. Por un lado, había una urgencia por cuestionar los dialectos puros, particulares y exóticos que albergaba el imaginario salvaje de la filología comparada del siglo XIX, elementos contribuyentes a la subordinación. Por otro, había que visibilizar los nacionalismos opresores que la modernidad civilizada había naturalizado e invisibilizado como universales a través de las estructuras del Estado.

El euskera de los dialectos puros y esencialistas no servía para el proyecto de unificación del euskera promovido desde la izquierda, algo a lo que, por ejemplo, Txillardegi llamaba «la mística del folklore». El lenguaje tenía que servir para traducir las opresiones en palabras, y para hablar de ciencia como de la vida cotidiana. Es decir, el euskera tenía que ser una lengua viva y unificada para la lucha nacional. La unidad del euskera respondía a esas necesidades.

Por otro lado, el propio Txillardegi exponía que «estamos lejos del arqueologicismo vasco, no más cerca del pseudosocialismo castellano». Ni el marxismo más mecánico, que reducía la lengua y la nación a meras superestructuras, era capaz de descifrar la realidad de las opresiones de Euskal Herria. Es más, explicaba que el «izquierdismo españolista» disfrazado de marxismo emanaba «imperialismo», y criticaba que, para algunas izquierdas, el imperialismo de las naciones con Estado se había vuelto invisible. Para el marxismo mecánico, la construcción del Estado civilizado del siglo XIX había otorgado a las naciones española y francesa un carácter natural e intrínseco.

Por supuesto, el discurso antibarbarista insurgente de Euskal Herria no surgió de la nada. Todo lo contrario: el llamado «mayo del 68 vasco» por Elixabete Ansa Goikoetxea, y «la rebelión vasca» por Andoni Olariaga, se convirtió en parte de la red planetaria formada por diversos discursos y praxis rebeldes. Entre los que hicieron referencia al carácter rebelde antibarbarista de los vascos se encontraban, por ejemplo, los pensadores franceses de izquierdas Gisele Halimi, Jean Paul Sartre, Gilles Deleuze y Félix Guattari. Halimi dio parte de la resistencia emancipadora con los testimonios del juicio franquista de Burgos en el libro *Le procès de Burgos* (El proceso de Burgos), que contó con un famoso prólogo de Sartre. Deleuze y Guattari, en la obra en dos volúmenes titulada *Capitalisme et schizophrénie* (Capitalismo y esquizofrenia), reflexionaron sobre el deseo revolucionario contenido en las luchas vascas.

Sartre describió Euskal Herria como un pueblo colonizado. En una decisión bastante estratégica, evitó mencionar la opresión de raza como forma de entender la colonización, motivo por el que pudo argumentar que aquel territorio en el que se fundían el conflicto nacional y el de clase era, en efecto, una colonia. La etnia, para Sartre, estaba «marcada en todo caso por caracteres biológicos que ha conservado intactos hasta hoy día, y por la irreductibilidad del euskera, su lengua, a las lenguas indo-europeas[7]». Así pues, la lucha partía del hecho de que la etnia había adquirido conciencia nacional. La cultura se convertía en un campo de batalla: «la cultura vasca es la praxis que se desprende de la opresión del hombre por el hombre en el País Vasco[8]». Como ocurría con el pensamiento originado en Euskal Herria, el de Sartre era un discurso materialista antibarbarista. Sin embargo, este tampoco pudo llevar a término su acción desmistificadora, con todas sus consecuencias.

Por supuesto, para entonces, pensadores anticolonialistas y antiimperialistas como Frantz Fanon ya habían puesto la opresión racial en el centro a la hora de entender la opresión colonial. Es posible que, en aquel momento, un discurso de la colonización que no abordaba la opresión racial sirviera para promover una imaginación antiimperialista insurgente planetaria. Por eso Fanon se convirtió en el breviario de la clandestinidad vasca. Sin embargo, hoy en día, en la medida en que los discursos anti, pos y descoloniales siguen poniendo la

7. Traducción de Mercedes Rivera.

8. Traducción de Mercedes Rivera.

raza en el centro, la mística del vasco blanco colonizado provocará más malentendidos entre luchas que alianzas.

Deleuze y Guattari publicaron *Anti-Oedipus* y *Mille Plateaux* en 1972 y 1980, respectivamente. La lucha vasca, la de Irlanda del Norte, la de Palestina, la de Córcega, la de las comunidades no blancas, la de las reservas de nativos americanos y también la de Mayo del 68 eran inseparables desde la mirada del deseo revolucionario. Estas disputas territoriales, tan nuevas como arcaicas, tenían el potencial de alimentar un fascismo moderno, pero también de desatar una carga de deseo revolucionario, tal y como ocurría con las luchas vascas en su capacidad de desestabilizar estructuras dualistas de poder, es decir, de resistirse a mantener las categorías como estaban y esquivar el pensamiento totalizador. En lugar de entender las luchas de forma aislada, compartir la carga del deseo con otras luchas creaba las condiciones para un movimiento a nivel global.

La de Halimi fue, por otra parte, una de las lecturas materialistas más interesantes que superaron el punto de vista etnicista, pese a que rara vez se la menciona. En el libro, Halimi trata sobre la verdad producida por las torturas del franquismo: «En la audiencia [...] la lectura de [...] las confesiones de los acusados –[...] logradas mediante torturas– serán consideradas como incontestables y sagradas. [...] esas confesiones adquieren [...] un carácter místico y [...] en todo caso irreversible[9]». La tortura implicaba la producción barbarizante y mistificadora de la verdad a través de la violencia. El nuevo vasco salvaje del régimen de Franco era el terrorista.

La ola planetaria insurgente se opuso a las redes de opresión, a la producción de muerte y a los diversos mecanismos de precarización de la vida de la civilización occidental. Las comunidades racializadas hicieron frente a las violencias estructurales herederas de la esclavitud y los sistemas de plantaciones. Los movimientos descolonizadores del sur global se opusieron a la dominación capitalista impuesta por los nuevos imperialismos mediante el sistema de deudas. Se organizaron movimientos obreros contra la acumulación de capital por parte de la oligarquía y la precarización de la vida de los trabajadores. El movimiento feminista añadió un nuevo frente a las luchas nacionales y de clase con la lucha contra la opresión de género estructural y naturalizada. El movimiento de liberación sexual puso en duda la norma y la violencia del deseo heterocentrado. Y el movimiento de liberación nacional participó en la red liberadora con una práctica a favor de las naciones, pueblos, lenguas y culturas oprimidas.

---

9. Traducción de Mercedes Rivera.

En las décadas de los 60 y 70 se consolidaron distintos proyectos emancipadores en la intersección de diversas luchas. En Euskal Herria, a las luchas por la liberación nacional y de clase se sumaron las luchas feministas y por las sexualidades disidentes. Además de compartir fundamentos, el feminismo y la disidencia de los deseos normativos proporcionaron el impulso para superar los límites discursivos y materiales de la nación revolucionaria.

En lo que respecta a la liberación de la mujer, los textos de ETA «La liberación de la mujer» de mayo de 1965 y «Carta a los intelectuales» de julio del mismo año dejaron patentes los límites de la emancipación. En el texto de mayo, se argumentaba: «planteamos como un imperativo de urgente necesidad la "descolonización" de la mujer [...] es imprescindible que se produzca un cambio estructural para que la liberación de la mujer, lo mismo que la de los demás trabajadores, sea posible». En el texto de julio, en cambio, en referencia directa a «La liberación de la mujer», afirmaban: «este tema [la liberación de la mujer] lo dejamos en suspenso esperando lleguen hasta nosotros todos los ecos de una polémica». En un intervalo de dos meses, la lucha popular, territorial y de clase dejó al descubierto la incapacidad de llevar a la práctica sus intenciones de compaginarse con la liberación de la mujer.

Pues bien, antes del fin de la década se divulgó el «Euskal Emazteen Panfletoa» («Panfleto de las Mujeres Vascas») y se crearon los grupos Emazteek Iraultzen (Mujeres en rebelión) y Euskal Emazteak Beren Askatasunaren Alde (Mujeres vascas por su libertad). En la obra de archivo de referencia *Gure genealogia feministak* (Nuestras genealogías feministas), realizada en 2015 por Edurne Epelde, Miren Aranguren e Iratxe Retolaza, se expone que los dos grupos se estructuraron dentro y fuera del movimiento abertzale, respectivamente. El panfleto lo dejaba claro: «No habrá socialismo si no se inicia la lucha desde ya contra todas las formas de explotación y dominación. La lucha de clases y la lucha de las mujeres están completamente entretejidas». Los dos grupos, cuyo campo de acción abarcaba ambos lados del Bidasoa, entendían que, así como a la lucha de clases había que sumarle la lucha nacional, la práctica emancipadora por la nación revolucionaria debía incluir la lucha feminista. Eran los albores del discurso que abarcaba la triple opresión de nación, clase y género.

Euskal Herriko Gay Askapen Mugimendua (Movimiento de Liberación Gay de Euskal Herria) apareció en escena en 1977, tres años después de la fundación de los grupos feministas revolucionarios abertzales y dos años después de la creación del Front d'Alliberament

Gai de Catalunya. En su Primera Reunión de 1979 dejaron claro cuál era su ámbito de lucha, a saber, el que ubicaba al grupo «en el marco de todo un proceso de liberación sexual». También definieron quién era el sujeto emancipador de ese proceso: «Llamamos gay a quien, habiéndose apropiado conscientemente su sexualidad, busca la liberación de la homosexualidad». Por último, situaron su labor revolucionaria en la encrucijada de las luchas nacional, de género y de clase: «la liberación gay [...] solo puede ser en el marco de una alternativa antipatriarcal y con el objetivo de una sociedad sin clases [...] adaptada a la realidad social de Euskal Herria».

Fue significativo, por ejemplo, que EHGAM adoptara el euskera como campo de batalla para diferentes clases. En 2021, Raul Lopez e Imanol Miner explicaban en una conferencia titulada «Euskara sexu askapenerako mugimenduan» («El euskera en el movimiento de liberación sexual»), por ejemplo, que el grupo tradujo la llamada «Ley de peligrosidad social» como «Sozial arriskutasun legea». EHGAM dio nombres en euskera a los mecanismos opresores del aparato dictatorial de represión castellanoparlante y, al hacerlo, trajeron también al euskera las potencialidades de resistencia y liberación. Así como la unificación del euskera había servido para la práctica de la nación revolucionaria, experimentar con el euskera le sirvió al movimiento de liberación gay para crear nuevos ámbitos de lucha en la intersección de la nación, la clase y el deseo emancipador.

El euskera se convirtió así en un campo de batalla para la liberación, en el cual distintos movimientos cuestionaron las barbarizaciones implantadas hasta entonces y emprendieron la apropiación revolucionaria de la lengua. Si los vascoparlantes de la Euskal Herria subalterna –o los hablantes de cualquier otra lengua– querían inventar nuevos sujetos emancipadores, debían abandonar las mistificaciones acerca del euskera puro y renunciar tanto al carácter de vasco civilizado como al salvaje, ambos construidos a través de estas mistificaciones.

En un periodo de transformaciones insurgentes radicales, la etnia se mantuvo como la última ancla esencializante a la que podía agarrarse la mistificación barbarizante moderna. La etnia quería funcionar, para la nación representada como salvaje, como algo abierto, aglutinante, mutable y con perspectiva de futuro. Sin embargo, con el tiempo, la etnia pasó a funcionar como algo arcaico, homogéneo, absoluto, cerrado y de acceso controlado. En las décadas siguientes, el significado excluyente de la etnia ocuparía un lugar central, y el significado emancipador de la opresión nacional quedaría de nuevo por reescribir. Ese fue el límite de la rebelión; esa fue, ni más ni menos, la tercera barbarización.

Cuarta barbarización: el terrorista irracional

Superponiendo todas las barbarizaciones mencionadas se llega a la construcción del vasco salvaje y torturable de la actualidad. En esta barbarización que vivimos, en esta modernidad tardía, las crisis no han llegado a su fin. A finales de los años 50, la descolonización de Argelia supuso el fin de la Cuarta República francesa. A finales de los años 70, una Transición como transacción de poder abrió el camino al régimen del 78 de la actual democracia española. El neoliberalismo total alcanzado a partir de los años 80, la disolución de la Unión Soviética, la supremacía del imperio estadounidense y el desarrollo de la Unión Europea han extendido nuevos medios de explotación y mecanismos de extracción.

Una vez más, ha sido necesaria la renovación del conocimiento que sustente nuevas relaciones de poder, y de esta intersección entre conocimiento y poder ha surgido la creación neoliberal del sujeto que es empresario de sí mismo. A su vez, este nacimiento ha supuesto, inevitablemente, la restricción de las libertades y la producción y castigo de la diferencia.

En cuanto a los marcos de conocimiento, la lógica de la modernidad neoliberal que filtra cada dimensión de la vida a través de valores, prácticas y métricas económicas ha transformado nuestra forma de entender el tiempo. Un futuro financiarizado exige endeudar el presente de forma constante a través de inversiones, tanto por parte de los individuos como de los gobiernos. También replantea el orden territorial. El mercado único de la Unión Europea, entre otros, está construido sobre la privatización de las democracias. La economización de la libertad de circulación de mercancías, personas, servicios y capital ha supuesto la transformación de la Unión Europea en la Fortaleza Europa, la cual produce la militarización asesina de las fronteras y la acumulación de capital a través de la expropiación colonial del sur global. La racionalidad neoliberal de la libertad exige la autosuficiencia como ideal moral del individuo, al tiempo que la vuelve imposible a causa de las privatizaciones neoliberales. El neoliberalismo convierte la precariedad de la mayoría en la norma, algo que inevitablemente ha sacudido la taxonomía de las naciones y los Estados. La naturaleza gestora, tecnocratizada, endeudada de los Estados supuestamente cívicos ha banalizado e individualizado las nacionalidades supuestamente étnicas y arcaicas. Ya no hay lugar para la comunidad ni para lo colectivo.

En 2017, Jule Goikoetxea abordó la privatización de las instituciones democratizadoras de los territorios vascos, exponiendo los conflictos democratizadores y desdemocratizadores que se han dado desde la década de los 90 entre las comunidades políticas vasca, española y francesa en el contexto del capitalismo global. Las desiguales capacidades de territorialización de las estructuras públicas estatales de la Comunidad de aglomeración del País Vasco, la Comunidad Autonómica Vasca y la Comunidad Foral de Navarra condicionan la potencialidad democratizadora de cada zona. Por lo tanto, las clases populares deben hacer frente al impulso constante que hace que las instituciones con dicha potencialidad democratizadora pasen a manos de las élites financieras, económicas, corporativas y políticas.

Estas transformaciones de la intersección entre conocimiento y poder han supuesto la actualización de la matriz salvaje/civilizado y de los distintos procesos de barbarización que, desde la modernidad más temprana hasta hoy, se han puesto en marcha con el euskera como materia prima. En esta cuarta barbarización, el nuevo vasco salvaje ha recibido un nombre propio: terrorista.

El plan ZEN, activado en plena guerra sucia del Estado, construyó la naturaleza inherentemente violenta y terrorista del vasco sobre un discurso etnicista según el cual, como leíamos antes, «[l]as peculiaridades del carácter vasco activaron un grupo revolucionario». Esta construcción barbarizada le sirvió al partido neoliberal-neocon vasco para definir por oposición al vasco civilizado. Volvemos así también a Juan José Ibarretxe, quien en el año 2000 expresó que se debía distinguir «a los que están con la barbarie de los que están con la razón, a los que están con el terror de los que están con la paz». En 2011, Patxi López, el exlehendakari de la CAV por el partido que es socialista solo de nombre y neoliberal y privatizador en la práctica, tiró de esta misma lógica para vincular la supuesta peculiaridad violenta vasca con el euskera: «la desaparición de la violencia [...] unirá definitivamente el euskera con la libertad». Según López, el euskera respondía a cierta particularidad violenta del terrorista vasco, y, siguiendo esa lógica delirante, había que detener la violencia para poder unir euskera y libertad. El discurso del régimen político supuestamente no violento, neutral, apolítico y democrático por naturaleza se ha construido en oposición al vasco terrorista y salvaje.

Aun tras el desarme y la disolución de ETA, la construcción discursiva del vasco terrorista y salvaje sigue vivita y coleando. Un ejemplo ilustrativo de ello son las reacciones provocadas por las pintadas que aparecieron en 2021 en el

Batzoki de Gasteiz. Las pintadas proclamaban: «*Estatu faxistaren aurka. Autodeterminazioa. Herri Batasuna*» («Contra el estado fascista. Autodeterminación. Unidad Popular»).

Así las cosas, el partido neoliberal y neocon doméstico aprovechó la oportunidad para perpetuar la dialéctica del vasco democrático civilizado frente al vasco terrorista y salvaje. El grafiti parecía hacer referencia a un pasado de barbarie terrorista: «se utilizan viejos mecanismos, como los insultos, las amenazas y la coacción». Estos actos serían, según esta perspectiva, «actividades que alimentarán la ira y el conflicto». Se trataba, en definitiva, de «actitudes y comportamientos antidemocráticos».

La idea del vasco demócrata civilizado se construyó por mera oposición a este discurso barbarizador. El vasco civilizado representaba «el pueblo que ha expresado alto y claro su deseo de vivir en paz», «[el que] ha reivindicado la convivencia y el deber de respetar al que es diferente», el que valoraría «el diálogo y el consenso». A continuación, se expresaba la exigencia de la *condenamanía*, por la cual las pintadas debían «condenarse públicamente», y la cual constituía la prueba irrefutable del ser civilizado y democrático. Condenar te hace civilizado. No condenar, por el contrario, te lleva al terreno de la apología del terrorismo. Te hace bárbaro.

La cuarta barbarización de la matriz *salvaje versus civilizado* ha tomado forma en la dialéctica *terrorista versus demócrata*. El primero es antidemocrático, impuesto, político, irracional, opresor, contrario al orden, asesino. Por oposición, el otro es libre, universal, razonable, ordenado, pacífico y democrático.

Son dos los procesos mistificadores ligados a la lengua que han alimentado la matriz formada por los extremos salvaje y civilizado. En uno de ellos, se ha vinculado el euskera a las características de la barbarie antidemocrática, motivo por el cual se considera que hay que liberarlo de cualquier tipo de política para llegar a una especie de territorio mágico apolítico e intrínsecamente democrático. En el otro, el euskera se ha utilizado para la reivindicación de una esencia salvaje, étnica y exótica, sin poner nunca en duda la propia matriz en sí.

En 2019, Javier Esparza, portavoz de uno de los partidos más reaccionarios y de derechas de Navarra desde la llegada del régimen del 78, proclamaba: «El euskera se tiene que proteger [...] pero no se puede imponer. [...] no puede ser una herramienta política». En 2022, Mathieu Berge, concejal de Baiona, reproduciendo el discurso del socialismo francés jacobino civilizado chauvinista de la Quinta República, argumentaba: «la instrumentalización política [...] añade desorden al desorden». El orden al que se refería era, por supuesto, hacer el examen de Brevet (la prueba de fin de Secundaria) en francés de forma obligatoria y libre, supuestamente, de instrumentalizaciones. Fue aquel mismo año cuando el escritor Ramon Saizarbitoria criticó que el euskera «sigue siendo para algunos una lengua de asesinos». Es decir, que la naturaleza, al menos en apariencia, universal y no impuesta del castellano y el francés se correspondería con la naturaleza apolítica, pacífica y democrática del Estado. Por el contrario, el carácter politizado, violento y potencialmente asesino de la nación vasca respondería al carácter impuesto y excepcional del euskera. La mistificación total.

En otro extremo, encontramos las propuestas etnoculturales de Joxe Manuel Odriozola, Pako Aristi y demás, ejemplos de un carácter vasco esencialista. Aristi argumentaba que las naciones «tienen dos componentes en su estructura orgánica: el tejido interno y el esqueleto externo», y que parte del primero comprendería la lengua (además de la literatura y las costumbres gastronómicas, entre otras). Ese tejido interno constituiría, según Aristi, la parte prepolítica, mientras que el esqueleto externo sería el que respondería a la estructura política. Partiendo de esta propuesta, Odriozola veía la lengua como «la energía nacional que garantiza nuestra identidad vasca entre todas las demás nacionalidades». En otras palabras, la esencia etnocultural de la nación parece depender del carácter energético nacional y excepcional del euskera. Eso también es la mistificación total.

La jaula construida con la matriz vasco civilizado - vasco salvaje en su base ha limitado con frecuencia las perspectivas a favor del euskera desde los años 80. *Hizkuntz Borroka Euskal Herrian* (Conflicto lingüístico en Euskadi), de 1979, y *Euskararen borroka* (La lucha del euskera), de 1983, por ejemplo, allanaron el camino para la institucionalización de la investigación sociolingüística. Con el paso de los años, sin embargo, el discurso estadístico fue imponiéndose al léxico de la lucha. En 2012, Jacqueline Urla propuso en *Reclaiming Basque* (Recuperar el euskera) que el discurso de la estadística ha servido para representar la integridad de la nación y, además, para pensar en el marco de conocimiento en torno a la normalización lingüística a través del léxico del diagnóstico y la enfermedad.

El discurso de la normalización del euskera se ha alimentado de un conocimiento –científico, racional y supuestamente apolítico, lleno de gráficos, tablas y mapas– que ha convertido una población de carácter nacional en un objeto de cálculo y la ha organizado según ciertos patrones predecibles y leyes generalizables. Las leyes lingüísticas de las distintas administraciones han categorizado las áreas lingüísticas de cada territorio desde una perspectiva cientificista, la misma con la que se han distinguido los modelos lingüísticos obligatorios en educación y se ha puesto precio al proceso de euskaldunización de los adultos.

Las instituciones que dicen defender los derechos de los hablantes mientras obstaculizan la formación de una comunidad cultural producen una imposibilidad diglósica estructural. Quien mejor describió esta situación fue Iratxe Retolaza en su intervención de «Euskararen Plaza Hutsa», en 2021. Muchas son las instituciones privatizadoras y turistificadoras que han limitado la euskaldunización al reparto de títulos de conocimiento de la lengua sin garantizar la transmisión de la cultura, sin construir redes de referencia, crear códigos propios ni formar una comunidad. Desde las instituciones se ha fabricado un vascoparlante individualizado, carente de comunidad cultural o de oportunidades de conectar de forma colectiva. Se ha construido un vascoparlante incapaz y civilizado.

En este contexto supuestamente no politizado, al individuo no le queda otra opción que pedir a las mismas instituciones que proclaman proteger al vascoparlante que no infrinjan sus derechos, lo cual a su vez limita su agencia política al reconocimiento de esa infracción. Por otro lado, al hablante que quiere euskaldunizarse no le queda otra vía que realizar una inversión económica y temporal que deriva en más precarización y convierte a los nuevos hablantes en sujetos financiarizados. Para terminar, el individuo castellano o francoparlante que se siente agredido por las leyes de protección del euskera pedirá a las instituciones que no pisoteen sus derechos –y las instituciones le protegerán–. En nuestro contexto, las mismas instituciones que existen para proteger al vascoparlante civilizado son las que multan, apalean y persiguen en lo judicial al vascoparlante salvaje.

En última instancia, no importa si se favorece al vasco democrático civilizado o al vasco etnocultural salvaje. Ninguna de estas mistificaciones nacionalistas del euskera (ya sean la vasca, la francesa o la española) cuestiona la matriz formada por los extremos civilizado y salvaje, saca a la luz las relaciones sociales materiales de la modernidad ni cuestiona las violencias estructurales.

Es más, lo que hacen es ocultar las violencias de la Fortaleza Europa, construida sobre redes de opresión y producción de la muerte de algunos y la vida de otros. El endeudamiento, empobrecimiento y expolio calculados del sur global han supuesto la expulsión y el desplazamiento de comunidades enteras, al tiempo que Frontex, con su privatización y militarización de las fronteras europeas, ha deshumanizado a los migrantes. También se han trasladado esas fronteras al interior del propio continente con los Centros de Internamiento de Extranjeros y los controles. En el interior de la fortaleza, la erradicación del obrero industrial del fordismo y la deslocalización del tejido productivo provocada por las democracias privatizadas han generado el malestar estructural de los trabajadores. La privatización, la deslocalización y la externalización han precarizado el trabajo mercantilizado, y el trabajo familiarizado y, por tanto, no remunerado ha esclavizado a las mujeres. Tras la Segunda Guerra Mundial, el declive del concepto de hombre trabajador y el auge de la mujer trabajadora y cuidadora se dieron al mismo tiempo que el concepto de género empezaba a desplazar al de sexo. Al igual que se patologizó la categoría de «homosexual» en el siglo XIX, hoy se patologiza a la persona «transgénero», y la vía institucional a la obtención de ciudadanía ha impuesto la violencia de la medicalización. El nuevo occidente financiarizado neoliberal se ha construido a través del desplazamiento y expulsión de los cuerpos a nivel global, de las violencias disciplinarias en la vía pública y de las torturas privadas en cárceles, viviendas y hospitales.

En 1982, Eva Forest predijo en su ponencia «Análisis de la democracia a través de la tortura» lo que la Fortaleza Europa supondría para el vasco salvaje. La tortura, en palabras de Forest, no era obra de cuatro incontrolados: era un mecanismo de poder que los funcionarios de la administración utilizaban de forma precisa y sistemática. Era, en la nueva etapa política, la violencia que, oculta bajo el subsuelo, sostenía la transformación democrática: «esas dos realidades, aparentemente contrapuestas, [son] la cara y la cruz de la misma moneda». Forest describía así una violencia material, estructural y constitutiva.

De hecho, el ciudadano democrático se estaba construyendo como contrario al vasco salvaje y torturable, pues, como exponía Forest, el nuevo orden social se controlaba «[b]ajo el pretexto de proteger al ciudadano de no se sabe qué extraños peligros y cuántas inseguridades». Así se justificaban las grandes redadas para atrapar «sospechosos» (entrecomillado por la propia Forest). Así se alimentaba el miedo al «terrorista» (también entrecomillado por Forest) y se impulsaba la caza de personas. En respuesta a la construcción de este ciudadano democrático, se empezó a transformar el sistema de prisiones y a construir cárceles de máxima seguridad como las de Herrera de la Mancha y Puerto de Santa María.

En 2021, Olatz Dañobeitia continuó la investigación en torno al papel que cumple la construcción del terrorista torturable en el contexto específico de Euskal Herria. Tomándole el relevo a Eva Forest, Dañobeitia dio un lugar central a los diferentes regímenes de género en un trabajo de investigación titulado «90eko hamarkadako Ezker Abertzaleko emakumeen bizipenak» («Vivencias de las mujeres de la izquierda abertzale de la década de los 90»). Por un lado planteaba el constrictivo régimen de género existente dentro de la izquierda abertzale, el cual, pese a darse inevitablemente en condiciones patriarcales, también posibilitaba una socialización para el cambio y un camino hacia el empoderamiento y la transformación feministas. Por otro, estaba el régimen de género punitivo y destructor de los dispositivos represivos del Estado. La tortura, además de utilizarse para sustentar y fortalecer las estructuras del Estado, también servía para reforzar los roles de mujer-madre-esposa. La represión de los regímenes no tan democráticos y la subordinación estructural de la mujer confluían en las prácticas de tortura. La construcción de cierto tipo de Estado requería naturalizar y perpetuar cierto tipo de terrorista, cierto tipo de mujer.

En la construcción de ese tipo concreto de terrorista, Forest identificó la lógica del régimen del 78 que constituiría una doctrina absoluta de criminalización, y cuya represión sería discriminada y dirigida. Según Forest, el objetivo de esa dura represión era «el de destruir los movimientos populares que escapan a su control aunque para explicarla se recurra al argumento de "terrorismo"». Una represión que se aplicaba a los sectores populares que no estuvieran dispuestos a aceptar las condiciones antidemocráticas del nuevo régimen.

Se ha utilizado todo un imaginario salvaje ligado al terrorista para hablar de todos los movimientos populares emancipadores de Euskal Herria, armados o no. A todos los movimientos de liberación se les ha puesto la etiqueta del desorden, la irracionalidad, la violencia, la antidemocracia y la imposición. Es un imaginario que se ha ido renovando constantemente desde el siglo XVI hasta nuestros días, y cuya última capa responde hoy a la cuarta barbarización. Así es como se construye al vasco salvaje; así es como se le vuelve torturable.

También la mistificación democrática civilizadora, construida por oposición dialéctica al vasco salvaje, esconde relaciones sociales de violencia. Ahoztar Zelaieta ha realizado una de las radiografías más lúcidas de las violencias materiales que sostienen a ese vasco civilizado. El discurso del oasis vasco que ha hecho prácticamente incuestionable a la élite vasca neocon y neoliberal oculta décadas de una corrupción a base de clientelismo, enchufismo, prevaricación, malversación de fondos y mala gestión normalizada de la administración.

Es más, la red de alianzas y el sistema de puertas giratorias de la casta política, empresarial y financiera han puesto en marcha, a lo largo de las décadas, un profundo proceso de acumulación de unos pocos a través de la desposesión de muchos. La deuda y las acciones extractivas, privatizadoras, deslocalizadoras del tejido productivo de Euskal Herria es la violencia de la democracia civilizada y privatizada el oasis vasco. En él, lo que se reparte es la producción estructural del malestar de la mayoría; reparto condicionado por los ejes patriarcal y colonial tanto como por el de clase.

El vasco civilizado del siglo XXI, cómo no, sigue siendo patriarcal. Eso han demostrado, en cifras, Zuriñe Rodriguez, Jule Goikoetxea, Estitxu Garai y Lore Lujanbio en su libro *Euskal demokrazia patriarkala* (Democracia patriarcal). No conlleva bienestar alguno para la mujer participar en un dominio mercantilizado. Además de la brecha salarial, la privatización de los cuidados y la sanidad ha hecho que la carga de trabajo familiarizado y no remunerado recaiga en las mujeres. La violencia material tanto directa como simbólica del vasco civilizado neoliberal supone para las mujeres nuevas esclavitudes y formas de empobrecimiento en clave de género.

Además, mientras con una mano impone la precarización de las vidas de Euskal Herria, el vasco civilizado impone con la otra la explotación colonial-imperial a consecuencia de las deslocalizaciones y la globalización. Para comprender la práctica colonial imperial contemporánea de la élite vasca civilizada, se puede leer el trabajo de Oriol Malló en conversación con el de Zelaieta. Malló ha abordado las agresivas compras de bancos mexicanos, colombianos, peruanos y venezolanos, prestando especial atención al caso del BBVA y la oligarquía vizcaína de Neguri.

Las compras realizadas mediante capital irregular procedente de paraísos fiscales como Puerto Rico han supuesto la expropiación y confiscación de tierras comunales y sin explotar. También han provocado la privatización de servicios públicos y la mina ilegal de oro, la financiación de caciques y narcotraficantes, las expulsiones y desplazamientos forzados de la población local y las ejecuciones extrajudiciales de integrantes de los movimientos de resistencia.

Así, la práctica de la nación neoliberal, patriarcal, imperial y civilizadora, entre otras cosas, es lo que oculta las mistificaciones de esa opcionalidad lingüística individual supuestamente democrática. Vivimos en Estados privatizadores, turistificadores y tecnocráticos que producen un vascoparlante incapaz e impiden vivir en euskera de forma estructural. En el lado opuesto, las propuestas a favor de la etnocultura vasca conforman una respuesta barbarizadora y esencializadora sin salida. Mientras tanto, las acciones colectivas emancipadoras y radicalmente democráticas que crean espacio para el euskera conforman la nación salvaje caricaturizada a través del fantasma del terrorista. Esa es, ni más ni menos, la cuarta barbarización.

En esta barbarización, algunos de los movimientos populares han canalizado un euskera propio hacia la acción transformadora. Esa acción se ha dado principalmente bajo la denominación del Euskal Nazio Askapenerako Mugimendua (Movimiento de Liberación Nacional Vasco), consolidado en la década de los 80. Como explicó en 2014 Mario Zubiaga, ENAM dio continuidad a la rebelión de los 60, tomando la forma de un conglomerado emancipador que podría considerarse una especie de familia de movimientos populares. Pues bien, el euskera se ha utilizado como un campo de batalla permanente en varios de estos movimientos populares, transformado así en una herramienta para la lucha contra todos los *pinkwashing*, *greenwashing*, *basquewashing* y demás *washing* neoliberales.

Todo movimiento okupa, antirracista, anticapitalista, ecologista, feminista, queer o cualquier otro que haya utilizado el euskera ha ido automáticamente a parar al territorio del vasco salvaje. Para estos movimientos, la lengua ha sido una herramienta de lucha. Han puesto en marcha apropiaciones transformadoras de la lengua con las que cuestionar la barbarización. El euskera se ha convertido en un campo de batalla para todo tipo de emancipaciones.

Por otra parte, donde más claramente se ha utilizado el euskera como herramienta para imaginar nuevos sujetos emancipadores ha sido dentro del feminismo. En la tercera barbarización, la construcción materialista del sujeto de la lucha por la lengua provino de la intersección de las luchas nacional y de clase. En la cuarta, esta se ha articulado en los debates internos del feminismo. Entre otros, el artículo de 2015 «Euskara, estatua eta feminismoa» («Euskera, Estado y feminismo»), de Jule Goikoetxea; el artículo de 2017 «Ikuspegi feminista maketoa eta euskaltzalea herritartasun berri baten alde» («La perspectiva feminista maqueta y euskaltzale por una nueva ciudadanía»), de Mari Luz Esteban; el libro de 2019 *Trikua esnatu da* (El erizo ha despertado) de Lorea Agirre e Idurre Eskisabel, y el de 2022 *Araka ditzagun gure bazterrak* (Indagar en nuestros márgenes), de Emagin y Euskal Herriko Bilgune Feminista, son algunos ejemplos de esta posición crítica. Entre todos han ido pensando la lucha por la lengua en relación con otras opresiones y construyendo un andamiaje crítico materialista. Texto a texto, se ha ido desarrollando todo un aparato crítico contra los procesos subalternizadores y mistificadores de Euskal Herria.

Goikoetxea se valió de la mirada feminista para pensar en un carácter vasco sin esencialismos basados en la idea de propiedad. Argumentó que, al igual que el pene no hace al hombre, ni la vulva y los pechos hacen a la mujer, el euskera tampoco otorga un carácter vasco. Sin esencia, por tanto, tanto la mujer como la vasca son categorías sociales materiales encarnadas fuera del poder hegemónico a consecuencia de las luchas sociales.

En una línea similar, Esteban propuso hacer un uso del euskera feminista y antiesencialista. Para ello, propuso redefinir de forma contrahegemónica la ideología racista y clasista que se halla detrás de la figura del maqueto. Según Esteban, urgía conjugar factores de subordinación tales como el género, la heteronorma, la clase, la etnia/raza, la lengua y la edad al mismo nivel.

También Agirre y Eskisabel imaginaron la *euskalgintza* como parte de las luchas emancipadoras. Propusieron que el camino hacia la emancipación partía de una perspectiva integral acerca de las relaciones de poder. Así, para construir un mundo más justo, había que «formar una nueva gramática» desde el euskera, «construir una nueva lengua».

De entre todas las luchas emancipadoras, fue la labor de Emagin y Euskal Herriko Bilgune Feminista la que creó espacio para el antirracismo, al que hasta entonces no se le había dado protagonismo. Tirando del hilo de las reflexiones realizadas durante la Marcha Mundial de las Mujeres de Euskal Herria y de los debates de las jornadas feministas Salda Badago, estos colectivos pusieron el foco en la historia material específica de distintos procesos de subalternización para empezar a cuestionar el nacionalismo vasco blanco y europeo. Era imprescindible hacer una crítica profunda del nacionalismo vasco y de los modelos históricos de Euskal Herria que reproducían los ejes de la modernidad.

En este libro se le quiere dar continuidad a esas lecturas materialistas de la lucha por la lengua y a la larga tradición de articulaciones que han tratado de desmistificar las luchas vascas. Las lecturas críticas del imaginario salvaje han contribuido a revivir esta tradición. Joxe Azurmendi, Joan Mari Torrealdai y Joseba Gabilondo han dado las claves más claras para entender la producción del vasco salvaje a lo largo de la cuarta barbarización. De Azurmendi son, entre otros, *Espainolak eta euskaldunak* (Españoles y vascos) y *Demokratak eta biolentoak* (Demócratas y violentos), ambos de la década de los 90. De Torrealdai son *El libro negro del euskera*, de 1998, y *Asedio al euskera*, de 2018. Por último, de Gabilondo son *Globalizazioak eta Erdi Aro berria* (Globalizaciones. La nueva Edad media y el retorno de la diferencia), de 2016, y *Babel aurretik* (Antes de Babel), de 2020. En dichas obras, estos tres autores ofrecen exhaustivas investigaciones acerca del vasco salvaje. En este libro, se han combinado estos trabajos con las propuestas procedentes de la intersección entre las luchas nacional y de clase y con los resultados críticos de los debates dentro del feminismo.

Ese cóctel crítico desmistificador, materialista e historizador permiten, al igual que este libro, poner en el centro toda una tecnología de opresión: la barbarización del vasco. Al ser una tecnología, nos permite pensar en la mecánica dialéctica de la matriz formada por los extremos bárbaro y civilizado. Gracias a describir la barbarización como un eje de opresión, podemos entender las luchas vascas y la lucha por la lengua en intersección con otros ejes de opresión. Para terminar: al ser una tecnología, podemos cuestionar la matriz en sí e imaginar prácticas con las que escapar de ella. Solo así podemos empezar a pensar en una nación diferente.

MODELOS INCIVILIZADOS

Entre unos bárbaros hollywoodienses y otros, llevamos siglos siguiendo las estrictas normas de *El hombre del norte* y *Gladiator*, construyéndonos constantemente como civilizados o como bárbaros. Quizás ya sea hora de ver adónde nos lleva el final de *Conan*: a no ser ni una cosa ni la otra, para así liberarnos de la tiranía de esa dialéctica.

Estamos seguros de que los vascos no somos tan salvajes entre todas las demás naciones. Incluso podríamos decir que no somos salvajes en absoluto. Pero nos han pensado salvajes hasta que nosotros hemos terminado haciéndolo también. Nos han barbarizado, y nos hemos tragado todas estas mistificaciones subalternizadoras, violencia material incluida. Es hora de acabar con todas las mistificaciones.

No somos tan salvajes entre todas las demás naciones, pero tampoco la civilización nos sirve. El civilizado se imagina a sí mismo gracias a la opresión de aquellos a quienes categoriza de salvajes. La violencia capitalista, cisheteropariarcal, racial-colonial y barbarizadora pertenece al civilizado. Es hora, pues, de imaginarnos como una nación emancipadora.

Ni somos una nación salvaje, ni queremos ser civilizada, y quizás para ello necesitemos incivilizar nuestra nación. Quizás debamos desmontar el mismo eje de la civilización y huir de la dialéctica condicionada por los extremos civilizado y salvaje. Tal vez debamos huir de la elección tramposa de la modernidad que nos dice: «o bárbaro, o civilizado». Sin la matriz opresora de la civilización, debemos buscar modelos para imaginar una nación incivilizada.

Estos modelos para la incivilización esperan a que los rescatemos del olvido. Al menos dos ejemplos se han hecho un hueco en este manual. Uno es *Afrikar iraultzaren alde* (Por la Revolución africana), la primera traducción al euskera de Frantz Fanon, publicada en 1970; el otro es el poemario de 1977 de Amaia Lasa, *Hitz nahastuak*.

En 1970, el lector que empezase la traducción de Frantz Fanon por el prólogo leería antes que nada las palabras de Simone de Beauvoir. De Beauvoir habló de Fanon en sus memorias de 1963, tituladas *La fuerza de las cosas*. Los editores, Arantxa Urretabizkaia e Ibon Sarasola, decidieron trasladar aquel pasaje al euskera e incluirlo en las primeras dos páginas de *Afrikar iraultzaren alde*. Beauvoir y Fanon, pensadores de primer orden que desarrollaron la obra de Karl Marx y analizaron la construcción violenta de las mujeres y de los colonizados, se reunieron en un mismo texto, en euskera.

Siete años más tarde, en 1977, ese mismo lector podía tener entre las manos el poemario de Amaia Lasa *Hitz nahastuak*. De ser así, se encontraría en la introducción con pasajes traducidos a euskera de las cartas que Rosa Luxemburgo escribió desde la cárcel. Estos pasajes daban paso a los poemas.

Quizás leyese, primero, el poema «Respuestas silenciadas»: «...¿Quién nos negó / el pensamiento / a nosotras? / ¿Quién ha visto / los pueblos / sin derechos?...». Después, tal vez podría seguir con «Ni mujer ni madre»: «...Perdidas en ser mujer / en ser madre, / asidas, en vez de a la libertad, / a la seguridad. / Pasábamos los días / incapaces de ser / ni mujer / ni madre / ni hembra». Y para terminar, quizás leería el poema que daba título al libro: «Mis ocho apellidos no son vascos. / Mi euskera no es puro. / Mis palabras no son limpias. / Mis creencias no son las suyas. / A pesar de todo / estamos creando Euskal Herria[10]».

10. Traducción de Ibai Atutxa.

El pensamiento marxista encarcelado proporcionaba un marco que permitía visibilizar una nación despojada de derechos y denunciar la opresión de la mujer. Hablando de todo ello en un euskera impuro, el poemario también estaba creando Euskal Herria.

El libro traducido de Fanon y el poemario de Lasa son dos entre la multitud de modelos incivilizados que se nos han perdido. Ninguno de los dos deja espacio a la mistificación de la nación. Ambos ponen en el centro las relaciones materiales de opresión de las mujeres, los colonizados y las naciones subalternas; ambos hacen que el lector piense en las opresiones en conjunto.

Ambos libros convertían el euskera en el campo de batalla por la emancipación. Al igual que Lasa utilizaba un euskera impuro y desordenado, los traductores de Fanon preveían que los acusarían de utilizar barbarismos, es decir, de confusión e impureza lingüística. En lugar de preocuparse por los barbarismos, los editores afirmaban que el euskera debía dejar sitio a «los conceptos elementales que utilizan los problemas y mentalidades actuales». En ambos libros, por lo tanto, el euskera se convirtió en un espacio de lucha en el que crear una Euskal Herria emancipadora.

Los dos libros posibilitan pensar en el euskera en conjunto con el resto de las luchas. A lo largo de la modernidad, el euskera ha sido para los barbarizados y para los vascos salvajes lo que para las mujeres y las comunidades racializadas ha sido el cuerpo, lo que para los obreros asalariados ha sido la fábrica y lo que para la heterodisidencia ha sido el deseo. Es decir, el euskera ha sido el territorio primordial de opresiones y resistencias.

El euskera se ha convertido en herramienta para la opresión en el momento en que ha sido materia prima mistificante para la barbarización. En el siglo XVI, la lengua se equiparó al cristianismo, y el cristianismo, a la nación. En el siglo XIX, la lengua se equiparó a la raza, y la raza, a la patria. En el siglo XXI, la lengua se equiparó a la etnia, y la etnia, una vez más, a la patria. Finalmente, en el siglo XXI, la lengua se ha equiparado al mercado, y el mercado, a la nacionalidad individualizada. Cada mistificación ha supuesto para el euskera pasar de ser la lengua de las brujas idólatras a la de los trabajadores indisciplinados, las amas de casa matriarcales y los terroristas violentos.

Por eso hizo falta cristianizar el euskera, disciplinarlo, familiarizarlo, financiarizarlo y democratizarlo. Y así se ha construido al vasco civilizado, en oposición a la bruja idólatra, al trabajador indisciplinado, a la mujer que no era ni ama de casa ni matriarcal y al terrorista violento. Ha sido en oposición a estas figuras como se ha modernizado y civilizado, de igual modo, el euskera.

En pocas palabras: la nación vasca civilizada, con su vasco correspondiente, se ha construido gracias a la torturabilidad de todos aquellos a quienes han designado como brujas, obreros o terroristas salvajes. Y no olvidemos que la nación vasca civilizada es esclavista, impulsora de los sistemas de plantaciones y promotora de las actividades racistas de extracción, deslocalización y expulsión. La nación vasca civilizada es la que vive de la desposesión, explotación y endeudamiento de los trabajadores, y para la cual es imprescindible la caza, domestificación, precarización y nueva esclavización de las mujeres. Todo ello condicionado por el deseo heterorreproductivo o bien por el homonacionalismo capitalista.

El poemario de Lasa y la traducción de Fanon posibilitan imaginar una nación vasca otra, piden una nueva gramática vasca para cuestionar el vínculo entre el euskera y la nación desde una mirada materialista. Una nación vasca para los taxonomizados como salvajes y los oprimidos por la modernidad civilizada. Estos libros hacen posible imaginar una nación incivilizada.

La imaginación de la nación incivilizada debe poner en duda toda una forma de ver el mundo. Debe reescribir la matriz dialéctica jerarquizante entre los extremos salvaje y civilizado que se ha ido repitiendo y actualizando a lo largo de toda la modernidad. Debe saber escapar de la tecnología de opresión que constituye la barbarización, perfeccionada a lo largo de los siglos. A esto, a la práctica crítica de poner en cuestión toda una manera de ordenar el mundo, se le denomina desobediencia epistémica. Y nuestra desobediencia epistémica necesita una nueva gramática.

En esta gramática vasca incivilizada, por ejemplo, «*aberria*» (nación) no derivaría de la composición sabiniana purista entre la palabra «*aba*» (patriarca) con la palabra «*herria*» (pueblo). Esta «aberria» no sería más la nación burguesa, patriarcal, cisheteronormada, racial-etnocultural pura. Desde una gramática vasca incivilizada, «aberria» se puede imaginar como la conjunción impura del prefijo latino «*ab-*» y la palabra «*herri*». «Ab-» es aquello que se aleja del centro, que se sitúa debajo y viene de fuera. Así pues, una *ab-herria* incivilizada sería la nación de aquellas habitantes de los márgenes que actúan desde abajo y vienen de fuera.

Una ab-herria es ab-normal: cuestiona los pensamientos dualistas y las normas de la modernidad. Es ab-errante: rehúye imponer discursos desde un único centro. Es ab-yecta, se le da ab-uso: es decir, se construye de abajo arriba. Una ab-herria llena el euskera de barbarismos para convertirlo en un campo de batalla sucio y embarrado, un territorio tan elegante como callejero, en el que confluyen distintas luchas democratizadoras y emancipadoras. Una ab-herria está para liberarse de la violencia burguesa-capitalista, cisheteropatriarcal, imperial-racista y civilizadora. Una ab-herria ni civilizada ni bárbara es la que deja espacio para un nuevo sujeto emancipador ab-hertzale.

BIBLIOGRAFÍA

Agirre, Lorea, e Idurre Eskisabel. 2019. *Trikua esnatu da: euskaratik feminismora eta feminismotik euskarara*. Zarautz: Susa.

Aguirre, Anaiz. 2022. «Euskara: parlamentariek bilkura bat eskatu diote Hezkuntza Ministerioari». *Kazeta*, 20 de junio de 2022.

Alvarez Enparantza (Txillardegi), Jose Luis. 2019 [1968]. «Euskal arkeologiatik erdal sasi-sozialismora». En *Txillardegi eta nazio auzia*, 30-33. Andoain: Jakin.

Arana Goiri, Sabino. 1980. *Obras completas de Arana-Goiri'tar Sabin (Sabino de Arana-Goiri)*. Bilbao: Sendoa.

Aresti, Nerea. 2017. «El "gentleman" y el bárbaro. Masculinidad y civilización en el nacionalismo vasco (1893-1937)». *Cuadernos de historia contemporánea*, n.º 39, 83-103.

Aristi, Pako. 2012. *Independentziaren paperak*. Donostia: Erein.

Astiz, Iñigo. 2022. «Saizarbitoria: "Euskara jada ez da euskaldun egiten gaituena; askorentzat, oposizioetan puntuak ematen dituen hizkuntza da"». *Berria*, 6 de febrero de 2022.

Axular, Pedro. 2006 [1643]. *Gueroco guero edo gueroco luçamendutan ibiltceac, eta arimaren eguitecoac guerocotz utzteac cembat calte eguiten duen*. Bilbao: Labayru.

Azurmendi, Joxe. 1971. *Hizkuntza, etnia eta marxismoa*. Baiona: Euskal Elkargoa.

——. 1992. *Espainolak eta euskaldunak: hernazimentuko hizkuntz ideologiak*. Donostia: Elkar.

——. 1997. *Demokratak eta biolentoak*. Donostia: Elkar.

——. 1998. *Oraingo gazte eroak: gogoetak ETAren sorrera inguruko kultur giroaz eta gaurkoaz*. Irún: Luma.

Barère de Vieuzac, Bertrand. 1794. *Rapport du Comité de salut public sur les idiomes*. París: Impr. nationale.

Beñaran Ordeñana (Argala), José Miguel. 1979. «Prólogo». En *Los vascos, de la nación al estado: P.N.V., E.T.A., ENBATA*, 5-22. Baiona: Elkar.

Caro Baroja, Julio. 1949. *Los vascos: etnología*. Donostia: Biblioteca Vascongada de los Amigos del País.

Coppola, Francis Ford, dir. 1979. *Apocalypse Now*. Zoetrope Studios.

d'Abbadie, Antoine, y Augustin Xaho. 1836. *Etudes grammaticales sur la langue euskarienne*. París: Arthus Bertrand.

d'Abbadie d'Arrast, Marie. 1909. *Causeries sur le Pays Basque: la femme et l'enfant*. París: F. R. de Rudeval.

Dañobeitia, Olatz. 2021. «90eko hamarkadako Ezker Abertzaleko emakumeen bizipenak: genero-erregimen ezberdinen arteko dantza(n)». En *Indarkeriak dantzatzera behartzen gaituzte. Gatazka armatuaren irakurketa feministak*. Bilbao: UEU.

de Beauvoir, Simone. 1963. *La force des choses*. París: Gallimard.

de Covarrubias Orozco, Sebastián. 2020 [1611]. *Tesoro de la lengua castellana o española*. Madrid: Iberoamericana; Real Academia Española.

de Echave, Balthasar. 1607. *Discursos de la antiguedad de la lengua cantabra bascongada*. México: Emprenta de H. Martinez.

de Garibay y Zamalloa, Esteban. 1571. *Los Quarenta libros del compendio historial de las chronicas y universal historia de todos los reynos de España*. Barcelona: Plantino.

de Larramendi, Manuel. 1853 [1729]. *El imposible vencido: Arte de la lengua Bascongada*. Donostia: Pio Zuazua.

de las Casas, Bartolomé. 1967 [1550]. *Apologética historia sumaria: cuanto a las cualidades dispusición, descripción, cielo y suelo destas tierras, y condiciones naturales, policías, repúblicas, manera de vivir e constumbres de las gentes destas Indias Occidentales y Meridionales cuyo Imperio soberano pertenece a los Reyes de Castilla*. Vol. 1. México: Universidad Nacional Autónoma de México.

Deleuze, Gilles, y Félix Guattari. 1972. *Capitalisme et schizophrénie. L'anti-Oedipe*. París: Minuit.

——. 1980. *Mille plateaux: capitalisme et schizophrénie*. París: Minuit.

de Mariana, Juan. 1796 [1601]. *Historia general de España*. En Valencia: Benito Monfort.

de Montaigne, Michel. 1988 [1580]. *Les Essais. Liv. 1*. París: Presses Universitaires de France.

de Palma, Brian, dir. 1983. *Scarface*. Universal Pictures, Martin Bregman Productions.

de Poza, Andrés. 1587. *De la Antigua lengua, poblaciones y comarcas de las Españas, en que de paso se tocan algunas cosas de la Cantabria*. Bilbao: Mathias Mares.

de Unamuno, Miguel. 1998 [1901]. «Modernizar el euskera, absurdo empeño». En *El libro negro del euskera*, 49. Donostia: Ttartalo Argitaletxea.

Dirección de la Seguridad del Estado. 1983. *Plan Zona Especial Norte*. Madrid: Gobierno de España.

EAJ-PNV. 2021. «Vitoria-Gasteizen Lakuako batzokiari egin zaion erasoa salatu eta gaitzetsi du ABBk». www.eaj-pnv.eus.

Editorial. 2000. «Aznar dice al PNV que el "mejor homenaje" a Buesa es el compromiso "de todos" con la paz». *El País*, 23 de febrero de 2000.

Eggers, Robert, dir. 2022. *The Northman*. New Regency Productions, Universal Pictures, Focus Features.

EHGAM. 1979. *Errebindikapen programa*. Durango: EHGAM.

Emagin. 2020. *Salda badago: Euskal Herriko V. Jardunaldi Feministak*. Donostia: Emagin Elkartea.

Emagin y Euskal Herriko Bilgune Feminista. 2022. *Araka ditzagun gure bazterrak. Kritika dekolonialak zeharkaturiko ibilbide bat*. Zarautz: Susa.

Epelde, Edurne, Miren Aranguren, e Iratxe Gutierrez. 2015. *Gure genealogia feministak: Euskal Herriko mugimendu feministaren kronika bat*. Andoain: Emagin.

Esteban, Mari Luz. 2017. «Ikuspegi feminista maketoa eta euskaltzalea herritartasun berri baten alde». *Jakin*, n.º 221-222, 37-52.

ETA. 1979a [1965]. «Carta a los intelectuales». En *Documentos Y*. Donostia: Hordago.

———. 1979b [1965]. «La liberación de la mujer». En *Documentos Y*. Donostia: Hordago.

———. 1979c [1972]. «Puntos mínimos ideológicos de E.T.A.» En *Documentos Y*. Donostia: Hordago.

Etxeberria, Francisco, Carlos Martín, Laura Pego, e Instituto Vasco de Criminología. 2017. *Proyecto de investigación de la tortura y malos tratos en el País Vasco entre 1960-2014*. Donostia: UPV/EHU, Eusko Jaurlaritza.

Etxepare, Bernat. 1995 [1545]. *Linguae vasconum primitiae, 1545-1995*. Bilbao: Euskaltzaindia.

Europa Press. 2011. «López dice que el fin de ETA permitirá que "el euskara se una con la libertad"». *El Mundo*, 24 de enero de 2011.

——. 2019. «Esparza dice que derogará el decreto sobre el euskera para el acceso a la función pública». *Diario de Noticias de Navarra*, 22 de mayo de 2019.

——. 2021. «Chivite dice que la educación en euskera está garantizada a quien lo solicite y descarta cambios». *Diario de Navarra*, 21 de octubre de 2021.

Euskal Herriko Emakumeen Mundu Martxa. 2020. *Zubi guztien gainetik. Mugarik ez! Transnazionalik ez! Resistimos para vivir, marchamos para transformar*. Bilbao: Euskal Herriko Emakumeen Mundu Martxa.

Euskaltzaindia. 1979. *Hizkuntz borroka Euskal Herrian*. Donostia: Euskadiko Kutxa.

Eusko Jaurlaritza. 1983. *Euskararen borroka oinarrizko inkesta bat: ezagutza, erabilera, jarrerak*. Gasteiz: Eusko Jaurlaritzaren Argitalpen Zerbitzu Nagusia.

Fanon, Frantz. 1970. *Afrikar iraultzaren alde*. Donostia: Lur.

Fanon, Frantz, Arantxa Urretabizkaia, e Ibon Sarasola. 1970. «Euskeratzaileen oharra». En *Afrikar iraultzaren alde*. Donostia: Lur.

Forest, Eva. 1982. «Análisis de la democracia a través de la tortura». En *Tortura y sociedad*, 77-100. Madrid: Revolución.

Gabilondo, Joseba. 2016. *Globalizazioak eta erdi aro berria: diferentzien itzulerak*. Donostia: Erein.

——. 2020. *Babel aurretik: euskal literaturen historia bat*. Tafalla: Txalaparta.

Goikoetxea, Jule. 2015. «Euskara, estatua eta feminismoa». *Jakin*, n.º 208, 77-89.

——. 2017. *Demokraziaren pribatizazioa: kapitalismo globala, Europa eta euskal lurraldeak*. Donostia: Elkar.

Goikoetxea, Jule, Zuriñe Rodriguez, Lore Lujanbio, y Estitxu Garai. 2020. *Euskal demokrazia patriarkala.* Donostia: Elkar.

González, Felipe. 2018. «ETA: un terrorismo salvaje e inútil». *Actualidad jurídica Uría Menéndez*, n.º 48, 7-10.

Grégoire, Henri. 1794. *Rapport sur la nécessité et les moyens d'anéantir les patois et d'universaliser la langue française*. París: Impr. nationale.

Halimi, Gisèle. 1971. *Le Procès de Burgos*. París: Gallimard.

Institoris, Heinrich, y Jakob Sprenger. 2011 [1486]. *Malleus maleficarum*. Cambridge: Cambridge University Press.

Instituto Vasco de Criminología. 2023. *Investigación sobre la tortura y otros malos tratos en Navarra desde 1979 a la actualidad*. Donostia: UPV/EHU.

Iraola, Saioa. 2019. «Euskara eta emakumeak, genealogia/begirada feminista bat». Bilbao: UEU; Gabriel Aresti Euskaltegia; Jakin.

Krutwig Sagredo, Federiko. 1962. *Vasconia: estudio dialéctico de una nacionalidad*. Buenos Aires: Norbait.

Lasa Alegria, Amaia. 1977. *Hitz nahastuak*. Durango: Zugaza.

Leizarraga, Joannes. 1979 [1571]. *Jesus Christ gure jaunaren Testamentu Berria*. Donostia: Hordago.

Lopez, Raul, e Imanol Miner. 2021. «Euskara sexu askapenerako mugimenduan». Bilbao: EHGAM.

Malló, Oriol. 2020. *El libro negro del BBVA: de la oligarquía vizcaina al caso Villajero*. Tafalla: Txalaparta.

Milius, John, dir. 1982. *Conan the Barbarian*. Dino De Laurentiis Company, Pressman Film.

Mogel, Bizenta A. 1804. *Ipui onac, ceintzuetan arquituco dituzten euscaldun necazari, ta gazte guciac eracaste ederrac beren vicitza zucentzeco*. Donostia: A. Undiano.

Nausia Pimoulier, Amaia. 2022. *Ni casadas ni sepultadas. Las viudas: una historia de resistencia femenina*. Tafalla: Txalaparta.

Odriozola, Joxe Manuel. 2016. *Abertzaleak eta euskara. Edo nazio euskaldunaren gainbehera*. Donostia: Elkar.

Oihénart, Arnauld. 1992 [1638]. *Notitia utriusque vasconiae: tum Ibericae, tum Aquitanicae*. Gasteiz: Parlamento Vasco.

Ortega y Gasset, José. 2002 [1921]. *España invertebrada*. Madrid: Biblioteca nueva.

Ortiz, Javier. 2019. *La comunidad vasca de Sevilla y la trata de esclavos (s. XVI)*. Sevilla: UPV/EHU.

Reséndez, Andrés. 2017. *The other slavery: the uncovered story of Indian enslavement in America*. New York: Houghton Mifflin Harcourt.

Retolaza, Iratxe. 2012. «Emakume Abertzale Batza eta emakume idazleak». En *Emakumeak, hitza eta bizitza*. Bilbao: UPV/EHU.

——. 2021. «Herri kontakizuna birsortzeko bulkada kulturala». Donostia: Sortu.

Roquero, Charo. 2019. *Historia de las mujeres en Euskal Herria II. Del viejo reino al Antiguo Régimen*. Tafalla: Txalaparta.

Sartre, Jean-Paul. 1971. «Préface». En *Le Procès de Burgos*. París: Gallimard.

Scott, Ridley, dir. 1979. *Alien*. Twentieth Century Fox, Brandywine Productions.

——, dir. 2000. *Gladiator*. Dreamworks Pictures, Universal Pictures.

Terukina Yamauchi, Jorge. 2016. *El imperio de la virtud. Grandeza mexicana (1604) de Bernanrdo de Balbuena y el discurso criollo novohispano*. Rochester: Boydell & Brewer.

Torrealdai, Joan Mari. 1998. *El libro negro del euskera*. Donostia: Ttarttalo.

Urla, Jacqueline. 2012. *Reclaiming Basque: language, nation, and cultural activism*. Reno: University of Nevada Press.

Urrutikoetxea, Egoitz. 2018. *La Politique linguistique de la Révolution française et la langue basque*. Bilbao: Euskaltzaindia.

von Humboldt, Wilhelm. 1899. *On Language: the Diversity of Human Language Construction and its Influence on the Mental Development of the Human Species*. London: Cambridge University Press.

Xaho, Augustin. 1847. *Histoire primitive des Euskariens - Basques: langue, poésie, moeuis et caractère de ce peuple ; introduction à son histoire ancienne et moderne*. Bayonne: Bonzom.

Zelaieta, Ahoztar. 2013. *Jóvenes Burukides Bizkainos: clientelismo y «fontanería» en el PNV*. Tafalla: Txalaparta.

——. 2016. *Kutxabank: el saqueo de Euskal Herria*. Madrid: Hincapié.

Zubiaga, Mario, Ricard Vilaregut, Mario Gómez, y Pedro Ibarra. 2014. *La rebel·lió basca: una història de l'esquerra abertzale*. Barcelona: Pol·len.

AGRADECIMIENTOS

Ni siquiera el libro más breve se escribe sin ayuda. Estoy en deuda con Sejal Shah y Daniel da Silva por su paciencia al discutir todas las ideas de este texto antes incluso de que llegaran al papel. A medida que escribía, las versiones de este libro han tenido diferentes lectoras: Ainara Bilbao, Andoni Olariaga, Eneko Ander Romero, Iratxe Retolaza, Itziar Amunategi, Jule Goikoetxea, Olatz Dañobeitia, Unai Txurruka y, por supuesto, Garazi Arrula y Ane Eslava, sus editoras, y Arrate Hidalgo, su traductora. Todo lo que esté bien dicho, es suyo; los errores son todos míos.

La edición de este libro,
SOBRE LA BARBARIE
POR UNA CRÍTICA INCIVILIZADA DE LA MODERNIDAD,
se ha terminado de diseñar, componer y maquetar
en Bilbao, en el taller gráfico Artizarra,
utilizándose la familia tipográfica Neue Swift
creada digitalmente por Gerard Unger,
cuando los colectivos a favor del euskera
vuelven a salir a la calle
para denunciar la ofensiva judicial
contra la lengua, en un tiempo
en el que las sentencias
que frenan su promoción
son cada vez más frecuentes.

Aurkeztu dizugun liburuaren eduki, itxura edo inprimaketari buruzko iritzia guri helarazi nahi izanez gero, bidal iezaguzu. Zinez eskertuko dizugu.

La Editorial le quedará muy reconocida si usted le comunica su opinión acerca del libro que le ofrecemos, así como sobre su presentación e impresión. Le agradecemos también cualquier otra sugerencia.

EDITORIAL TXALAPARTA S.L.
San Isidro 35
31300 TAFALLA
Nafarroa
Tfno.: 948 70 39 34
info@txalaparta.eus
www.txalaparta.eus